Jerônimo de Almeida Neto

Prosa de peão

1ª edição

Santo André-SP

2017

Ficha técnica:

Dados Internacionais de Catalogação na Publicação (CIP)
(Câmara Brasileira do Livro, SP, Brasil)

Almeida Neto, Jerônimo de
    Prosa de peão / Jerônimo de Almeida Neto. --
1. ed. -- Santo André, SP : COOPACESSO, 2017.

    ISBN: 978-85-69992-13-4

    1. Grande ABC - Indústrias 2. Histórias de vida
3. Memórias 4. Movimento operário 5. Trabalhadores -
História I. Título.

17-05789   CDD-869.803

Índices para catálogo sistemático:

1. Memórias : Literatura brasileira   869.803

- *Revisão de texto: do autor*
- *Capa: Leonardo J. D. Campos*
- *Arte Final: Leonardo J. D. Campos*
- *Produção editorial:*

COOPACESSO

Cooperativa de Trabalho Acesso Cultural Educacional Sustentável Solidária
Avenida Queirós Filho, 2.690 - Sala 1 - Vila Guaraciaba,
Santo André-SP / 09121-587
(11) 9.9732-4278
www.coopacesso.org // coopacesso@coopacesso.org

Sumário

Prefácio

A humanidade preserva suas histórias através dos tempos, de diferentes maneiras, de acordo com a época em que elas foram vividas. Muitas delas são contadas oralmente e vão rompendo as barreiras do tempo, modificadas conforme o orador e outras se perdem por não encontrarem eco suficiente para permanecerem vivas. Nossa história é marcada, portanto, por informações, por conta de muitos fatos terem sido contados de pai para filho, de geração em geração.

Uma das contribuições deste livro, "Prosa de peão", é a preservação de muitas memórias ocorridas no "chão de fábrica", com uma riqueza de detalhes impressionante, além de uma boa dose de humor, como é comum nas relações estabelecidas no universo operário brasileiro, que agora vão para os anais da história.

Jerônimo de Almeida Neto, oferece um verdadeiro presente para a memória de tantas pessoas, trabalhadores que, com estas "pérolas", como ele trata os fatos, tentavam amenizar a dureza do trabalho com brincadeiras, bom humor e, claro, o bom relacionamento entre eles.

Cada uma dessas histórias é contada com uma linguagem fácil, precisa e rica em informações, tomando o cuidado de contextualizar cada cena de cada história, com muita clareza para que o momento vivido seja retratado, enriquecendo assim, cada uma delas.

É importante destacar que o mundo operário da Região do Grande ABC pode, a partir deste livro, ter uma fonte de pesquisa importante, mas, fundamentalmente, ter uma publicação que resgata a memória de grandes companheiros e companheiras que protagonizaram, nas rotinas do dia a dia, momentos de alegria e de descontração, com uma boa dose de humor.

Talvez seja fácil alguém saber que o Lula trabalhou na Villares, mas talvez, daqui a alguns anos, ninguém saiba que o Araken liderou uma greve na Atlas Copco; não é difícil saber que o Vicentinho foi presidente do Sindicato dos Metalúrgicos do ABC e deputado federal, mas talvez, daqui a algum tempo poucos se lembrem do Pinga, do Vicentini, do Nelsão, do Nego Lira, do Passarinho, do Jabazão e de tantos outros operários e operárias que contribuíram para a riqueza deste país e com a história de vida de muitas outras pessoas.

É impossível ler todas as histórias aqui narradas sem dar boas gargalhadas. No meu caso, antes de ter feito a leitura integral do mesmo, Jerônimo já havia me contado muitas delas e não houve como não rir com as mesmas.

Fica aqui um convite para uma leitura agradável, atraente e que, além do humor, já citado, traz uma questão histórica a ser observada. Boa leitura!

Leonardo J. D. Campos

Vida de peão

Quem nunca trabalhou em uma fábrica talvez tenha dificuldade para imaginar o contexto e os cenários em que se passaram a maioria das histórias que este livro traz, mas, para muitos trabalhadores e trabalhadoras elas serão corriqueiras, afinal, muitas delas já aconteceram, ou foram contadas, inúmeras vezes, em diversos locais de trabalho, com versões diferentes, com personagens diferentes, mas com características e enredos semelhantes.

Algumas eu posso afirmar que são fatos concretos, pois estive presente e vivi o momento. Daquelas que não vivi, fui um ouvinte atento e, como espero que aconteça com você, caro leitor ou leitora, dei boas gargalhadas e ajudei a repercutir. Contei várias delas nas muitas empresas por onde passei e pude observar outros trabalhadores tão atentos quanto fui, ao ouvi-las, o que me leva a crer que também as reproduzam por onde passarem.

Talvez, pelo fato de passar horas a fio tendo por companhia apenas a frieza das máquinas, os operários têm grande necessidade de conversar. Nos vinte e cinco anos que passei dentro de indústrias metalúrgicas, na região do Grande ABC, encontrei diversos tipos e métodos de trabalho e diversos tipos de trabalhadores, mas, em todas as fábricas por onde passei, havia algo em comum: a necessidade que os operários tinham de conversar.

Sempre que um grupo de trabalhadores estava reunido, nos horários de refeição, ou nas pausas para cafezinho, ou mesmo nos poucos minutos que antecedem as trocas de turno, põem-se a conversar. Em geral, falam das notícias do cotidiano, que vêm nos telejornais, ou em algum jornal impresso, quando têm acesso.

Alguns grupos falam sobre assuntos de interesse da categoria profissional, geralmente, aqueles mais ligados ao sindicato, ao qual são filiados, principalmente, quando estão em época de campanha salarial, ou diante de algum problema na empresa em que trabalham. Outros discutem sobre as novelas da televisão que, apesar de não admitirem, acompanham junto com suas famílias. Alguns não perdem nenhum capítulo, embora digam que viram a cena quando passavam pela sala.

Praticamente todos os peões de fábrica discutem sobre os campeonatos de futebol, com raras exceções. Alguns são defensores fervorosos do time pelo qual torcem, alguns comentam, mas defendem que futebol não se discute, assim como religião e política, coisa da qual discordo. O assunto predileto, em todos os grupos que participei, sem dúvida alguma, eram as aventuras amorosas. Algumas fictícias, outras, reais, mas todas repletas de insinuações sobre a superioridade dos protagonistas frente aos outros machos do grupo.

A segunda predileção, era pela as histórias vividas por eles ali mesmo, na fábrica. Todos gostavam e passavam horas comentando os "micos" acontecidos no ambiente de trabalho e nos arredores. Ninguém escapava, do ajudante ao diretor da empresa, quem cometesse qualquer deslize, com certeza, ia parar na berlinda na próxima roda de conversa.

Algumas histórias são muito engraçadas, outras nem tanto, algumas chegam a ser trágicas, mas todas se tornam objeto de discussão e contribuem para amenizar a labuta de quem passa dia após dia enfurnado nas fábricas pelo mundo afora, pois duvido que os peões da Europa, ou de qualquer outro canto do mundo, não protagonizem e gostem de contar histórias como estas.

As rodas de conversa, além de entreterem os cansados operários, os mantêm informados sobre tudo o que acontece em seu meio. É por meio delas que todos sabem de, praticamente tudo, é um verdadeiro fenômeno conhecido como Rádio Peão, a mais ouvida do mundo, com toda certeza.

Assuntos importantes como reajuste salarial, propostas da empresa, ou do sindicato da categoria, são amplamente discutidos nas rodas de conversa informais. Este ambiente, em muitos casos, contribui mais para o sucesso das negociações com a empresa que as assembleias convocadas pelos representantes do sindicato. Quando as propostas são apresentadas nestes atos, já estão devidamente discutidas pelos trabalhadores, mesmo que, oficialmente, ninguém saiba o que vai ser encaminhado para apreciação.

Eu protagonizei algumas histórias da Rádio Peão, mas, como todo bom brasileiro, quando paro para pensar nestes momentos, lembro-me primeiro daquelas em que fui apenas espectador. Não que eu seja perfeito, apenas devo ter escondido na memória minhas pérolas, por isso, demoro um pouco para me lembrar das mesmas. Escrevi primeiro, aquelas que sempre conto, pois elas insistem em não abandonar meus pensamentos, estão vivas, sempre presentes em minhas recordações, mas, quando estava escrevendo, me lembrei de algumas em que fui o protagonista e, acreditem, contei-as com o mesmo ímpeto.

Furei fora

Essa é do Pinga

Iniciei minha carreira profissional como aprendiz, na escola SENAI (Serviço Nacional de Aprendizagem Industrial), na cidade de Santo André, nos idos dos anos setenta do século XX, mais precisamente no dia vinte e um de janeiro de mil novecentos e setenta e três, eu e outros milhares de jovens brasileiros, que encontramos na qualificação profissional a possibilidade de uma vida melhor.

Até aí tudo bem, não posso me queixar disso. Tive a oportunidade de começar naquela escola uma carreira profissional que considero vitoriosa, uma vez que consegui manter minha família, criar meus filhos e aposentar-me ainda muito novo, diga-se de passagem, em tempo de aproveitar um pouco da vida, mesmo sendo considerado um vagabundo, por um certo ex-presidente da república, aquele do "assim não pode, assim não dá".

A carreira profissional foi providencial. Desde o início, íamos para a escola cheios de vontade, pois sabíamos que teríamos muita coisa importante para aprender, o que era muito bom. A escola procurava reproduzir o ambiente fabril, trabalhávamos em grupos, divididos em seções. Éramos muitos, creio que mais de mil, e entre todos aqueles jovens aprendizes, um dos primeiros com quem convivi foi o Pinga.

O Pinga era um colega daqueles que a gente se dá bem desde o primeiro contato, um fanfarrão. Para ele, tudo era engraçado, ria a valer, principalmente quando algum de nós cometia um erro, imediatamente ele falava alto e gesticulava bastante, para chamar a atenção de quem não tivesse presenciado o deslize do colega. seu nome era João, mas era chamado apenas por Feltrin, pois no SENAI, todos os alunos eram chamados pelo sobrenome, poucos sabiam o primeiro nome dos colegas de classe. Lembro-me que o Feltrin virou Pinga porque, segundo os colegas que jogavam no seu time, gostava de tomar um aperitivo. Eu o vi bebendo, pouquíssimas vezes, cheguei a beber com ele em umas duas ou três oportunidades apenas, mas, sua fama por toda a escola era esta.

Ele era um adolescente do tipo estabanado, grande e forte, bem maior que a média dos alunos da escola, daquela época, mas, um tanto destrambelhado, como muitos adolescentes, porém, muito amigo. O Pinga era muito prestativo, solidário e possuidor de muitos outros adjetivos que faziam dele uma pessoa amável e querida por todos, porém, estas qualidades todas não o livraram de protagonizar uma das primeiras histórias de peão que presenciei. Então, vamos à sua pérola.

Durante o curso de Aprendizagem Profissional, em qualquer escola do SENAI, os alunos devem executar uma série de trabalhos, que vai do mais simples, como limar uma superfície plana, até os mais complexos, como usinar as peças e montar um conjunto completo, como uma morsa ou uma serra tico-tico, por exemplo.

Lá pelo terceiro semestre do curso, já estávamos executando peças complexas, como um eixo excêntrico popularmente chamado de virabrequim, ou eixo de manivela e, para usiná-lo é preciso que o profissional faça uma sequência de furos de centro, devidamente alinhados e equidistantes. Cada furo corresponde ao centro dos diâmetros, onde são fixadas as bielas.

Ao executar o Eixo Excêntrico, o Pinga distraiu-se, conversando comigo, como sempre fazia, pois trabalhávamos em máquinas muito próximas e errou ao determinar a distância entre dois dos furos. Desatento que estava, prendeu a broca de centro na furadeira, marcou a profundidade desejada e furou. Nem se preocupou em conferir a medida antes de executar o trabalho. Só depois de retirar a broca e limpar o furo recém-aberto é que se deu conta de que a distância entre os mesmos estava errada e, se tentasse continuar, sua peça ficaria defeituosa.

Sem saber muito bem o que fazer, devido à falta de experiência comum aos aprendizes, dirigiu-se ao instrutor, a quem ele mesmo apelidara de "Pinico", pois o mestre era baixinho e gostava de ficar parado em frente à porta da seção com a mão na cintura, e disse-lhe no mais perfeito "caipirês":

- Fessor! Furei fora!

O instrutor tomou-lhe a peça, admirou-a por alguns segundos, depositou-a sobre o armário onde guardávamos as ferramentas, pegou uma escala metálica, conferiu a medida e depois, olhando fixamente para o Pinga e sorrindo, respondeu:

- Furô fora Feltrin? – *"Foda-se"*!

Aquilo foi o suficiente para que todos os rapazes do grupo, que trabalhavam próximos a eles, caíssem numa sonora gargalhada. Todos riram, mesmo os mais distantes, pois alunos agem assim, é como se rissem por uma reação em cadeia. Uns riem da risada dos outros, nem precisando saber do que se trata.

Coitado do Pinga! Ficou vários segundos parado à frente do instrutor, o rosto vermelho como brasa e um misto de riso e pânico estampado em sua face. Parecia desesperado, era como se, para ele, o tempo tivesse parado, não conseguia soltar a voz e nem sair do lugar. A julgar pelo que vi, ficaria ali eternamente, mas, foi socorrido pelo instrutor que, mesmo brincando, providenciou outro material para que ele terminasse sua atividade. É claro que, depois de rir a valer.

O *Pinico* providenciou outro material e dedicou alguns minutos a demonstrar para o Pinga como proceder corretamente para não furar fora, como ele dissera. Quanto aos colegas, precisou de muito tempo para que deixassem de chamá-lo de FF ou dois efes.

Trabalhei com o Pinga depois de formado em duas metalúrgicas e, muitas vezes, rimos ao relembrar esta passagem que, segundo o próprio, jamais esqueceria. E eu, obviamente, tratei de contar para os novos grupos que integramos, porque o chamava de FF. Afinal, o que acontece com a *peãozada* tem que ser de domínio público.

Enxadão

Essa é do Pererão

No primeiro semestre em que estudei no SENAI, na turma do instrutor Vieira havia um rapaz um pouco mais velho que o restante do grupo, muito gozador e muito afoito. Não me recordo, qual era seu primeiro nome, pois, para nós, ele era apenas o Pererão, é, assim mesmo, sem i, pois ninguém se preocupava com o fato de seu sobrenome ser, na verdade, Pereira. Isto era apenas um detalhe.

Sempre que íamos começar algum trabalho, que continha uma nova operação da série metódica, ele queria ser o primeiro a realizar. Os instrutores faziam demonstrações de como realizar o trabalho e, geralmente, o faziam na máquina do primeiro aluno a chegar ao ponto de iniciar a nova operação. Por isto, o Pererão corria o mais que podia, para que as demonstrações fossem sempre realizadas na "sua máquina".

Lá pela quinta ou sexta peça da série do curso de tornearia, faríamos uma peça chamada Eixo Cilíndrico Chanfrado e Furado. Era um eixo simples, que devia ser faceado e usinado externamente para depois aprendermos a executar furos no torno mecânico, utilizando uma broca presa a um mandril e fixada no cabeçote móvel da máquina.

Vários alunos iniciaram a peça na mesma aula e, como já sabiam usinar diâmetros externos e facear o eixo, chegaram ao ponto de iniciar a furação praticamente juntos. Como sempre fazia, o Pererão apressou-se em pedir a ferramenta para furar o eixo. Foi correndo até a bancada do instrutor, pois ali ficavam guardadas as ferramentas, e pediu, falando muito alto, para que todos os colegas percebessem que ele seria o primeiro a furar a peça:

- Professor, me dá a ferramenta de fazer buraco?

- O que você disse? – Inquiriu o instrutor.

Com mais pressa, pois entendia que estava perdendo tempo, o Pererão falou mais alto ainda, praticamente gritando:

- Me dá a ferramenta de fazer buraco.

O instrutor Vieira era uma das pessoas mais calmas com as quais trabalhei. Levantou o olhar, pois era mais baixo que o aluno, ajeitou os óculos de segurança e, calmamente, caprichando no tom irônico, mostrou-lhe o caminho do almoxarifado e respondeu:

- Vá ao almoxarifado e peça para te darem um enxadão.

Afoito, como sempre, o Pererão saiu correndo em direção ao local indicado, para, alguns minutos depois, retornar com ar contrariado e muito aborrecido. Ao se aproximar do instrutor, desta vez falando baixo, queixou-se de que fizera papel de bobo por causa dele.

- Por minha causa não. - Ralhou o instrutor, você não disse que queria a ferramenta de fazer buraco?

- Disse – Respondeu contrariado o aprendiz.

- Então? – Observou o instrutor. Quem faz buraco, usa um enxadão, ou uma pá. Aqui, vocês estão se preparando para serem torneiros mecânicos, profissionais de ferramentaria, ou de usinagem. Nós fazemos furos e para isso usamos brocas. Buracos ficam lá na obra da construção civil.

Coitado do Pererão, outros alunos ouviram o diálogo entre os dois e, obviamente, não só caíram em sonora gargalhada, como fizeram questão de contar o ocorrido aos demais.

Como o instrutor era do tipo "Boa Praça" e bastante experiente no trato com os adolescentes, logo depois da brincadeira tratou de reestabelecer a ordem na seção. Chamou todos os alunos para que se reunissem em volta da máquina do Pererão, para que ele se sentisse reconfortado, e ali, demonstrou como deveríamos executar um furo com broca no torno mecânico.

No final do trabalho, o Pererão ficou feliz, porque a demonstração fora realizada em sua máquina, todos nós aprendemos a executar o trabalho e parecia que tudo iria acabar bem, até o instrutor, antes de se retirar do grupo, dizer-lhe:

- Oh Pererão, cuidado com o enxadão!

Cara de pau

Esta é do Seu Caetano e minha também

Como todos os descendentes de africano, misturado com portugueses, indígenas e outros europeus, tenho os cabelos crespos e um tanto secos. Quando grandes, ficam bastante enrolados. Por volta dos quinze anos de idade, época em que entrei no SENAI de Santo André, na Rua Bernardino de Campos, tinha os cabelos no estilo Black Power, com um volume de causar inveja aos cinco irmãos Jacksons, que, à época, faziam muito sucesso em todo o Planeta Terra.

Por sorte, quando iniciei o curso, a obrigatoriedade de cortar os cabelos para poder ingressar na escola tinha sido abolida. Podia-se ser cabeludo no SENAI, mas na oficina, era obrigatório o uso de uma redinha de proteção, para evitar que os cabelos causassem acidentes.

Vez por outra, aconteciam casos de jovens que enroscavam os cabelos nas máquinas e sofriam graves escoriações. Em geral, os cabelos caiam nos olhos e se enrolavam nas ferramentas giratórias ou enroscavam nas partes das máquinas. Para evitar situações como esta, usávamos a rede de proteção.

Aos mais atentos, a observação de que meu cabelo era do tipo black power e bastante volumoso, é suficiente para entender que o mesmo deveria ficar "ouriçado" e jamais cairia nos olhos. Logo, a possibilidade de causar acidente, como acontecia com os alunos que tinham cabelos lisos, era quase nenhuma. Por isto, muitas vezes, trabalhei sem a rede de proteção, sem que tivesse tido problema algum, tanto que, jamais fui repreendido por qualquer instrutor que me avistasse a trabalhar assim.

Tudo caminhava muito bem até que, ao final do primeiro termo (período de seis meses de curso), mudamos para uma escola nova, na Avenida Santos Dummont, também em Santo André. Ali, a oficina ficava no centro do prédio e era ladeada por um corredor, no piso superior, com uma pequena mureta, de onde era possível observar tudo o que acontecia nas máquinas.

O vice-diretor da escola, Senhor Caetano, costumava recostar-se na mureta e ficar a observar o trabalho dos aprendizes que, sentindo-se vigiados, em muitos casos, chegavam a cometer vários erros durante a execução das peças.

Certa feita, lá estava eu trabalhando, no torno nove, com meu black power completamente liberado, sem nenhuma redinha na cabeça, quando o instrutor Américo, o Pinico, se aproximou e me perguntou o que eu havia aprontado. Respondi-lhe que não havia aprontado nada e devolvi-lhe outra pergunta:

- Por que?

- O Seu Caetano está te chamando na diretoria. Respondeu ele, disfarçando um riso, que me pareceu de pura ironia.

Confesso que fiquei muito preocupado com aquela conversa, parecia-me que o Américo escondia alguma coisa. Primeiro, imaginei que ele soubesse o motivo da chamada do vice-diretor e não queria antecipar para deixar-me preocupado, o que seria pura maldade. Depois, pensei que, talvez, não soubesse mesmo e tivesse apenas retransmitido a ordem do superior. O fato é que aquilo me preocupara e muito.

Desliguei o torno e, enquanto esperava que a placa parasse de girar, imaginava inúmeras possibilidades. Lembrei que, havia poucos dias, participara de uma briga, na hora do almoço e que talvez tivesse que falar sobre isso com o diretor. Lembrei-me também que fora surpreendido pelo assistente social, Sr. Sinibaldi, revistando um CP (candidato a peão), como eram chamados os calouros no SENAI, para ver se ele tinha cigarros escondidos. Era dever de todo CP fumante dividir os cigarros com os veteranos, meu caso. Não preciso dizer que, nas duas vezes, fui advertido verbalmente. Pensei que fosse para falar sobre algum destes incidentes que o "Homem" estivesse me chamando.

Antes de ir para a diretoria, resolvi passar no banheiro e, quando entrei, passei diante de um espelho grande, que ficava acima das torneiras, que usávamos para pentear os cabelos na hora da saída. Olhei para o espelho e observei que meus cabelos estavam um tanto quanto grandes para os padrões da escola. Achei por bem molhá-los, pois assim o volume diminuiria e, quem sabe, tivesse alguma chance com o vice-diretor.

Molhei bem o cabelo e, de fato, o volume diminuiu consideravelmente. Coloquei então uma redinha que trazia no bolso do avental e me dirigi à sala do diretor. Apresentei-me à secretária e disse que tinha sido chamado para falar com o "Seu Caetano".

A moça, muito solícita, pediu que eu esperasse um minuto, enquanto iria me anunciar a ele. Indicou-me uma poltrona, na antessala, e dirigiu-se ao gabinete do chefe. Mal entrou e já estava de volta, informando que eu seria recebido imediatamente. Pediu-me que a acompanhasse. Assim o fiz. Levantei-me da confortável poltrona e segui seus passos.

Ao entrar na sala, Seu Caetano, sisudo como sempre, perguntou-me qual o motivo de minha visita. Surpreso, expliquei-lhe que estava ali por orientação do instrutor Américo, que me dissera que ele queria falar comigo.

De imediato, o homem ficou irritado e praticamente me expulsou de sua sala, esbravejando que o instrutor deveria estar com algum problema de audição, pois não era eu o aluno que ele mandara chamar, mas o cabeludo que trabalhava no torno nove.

Expliquei-lhe que eu era o aluno do torno nove, mas o homem continuou irredutível, afirmando que isto era impossível, pois ele olhara por sobre a mureta e constatara que, lá embaixo havia um aluno muito cabeludo e era com ele que queria falar. Por favor, volte lá e peça ao Américo para vir até aqui. Ordenou.

Saí da sala do Seu Caetano o mais rápido que consegui, torcendo para que ele não associasse meu cabelo molhado ao cabeludo que vira lá em baixo. Cheguei à seção e, como se estivesse tudo bem, informei ao instrutor que o vice-diretor o chamava.

Antes de qualquer coisa, o instrutor me perguntou como tinha sido nossa conversa, ao que respondi que tinha sido muito tranquila, mas que ele queria mesmo era falar com o instrutor.

Sem compreender bem o que acontecera, lá foi ele ter com o vice-diretor. Ficou lá na diretoria uns cinco ou seis minutos, no máximo, e voltou muito irritado comigo. Parou ao lado da máquina em que eu trabalhava e foi logo dizendo:

- Cascão, este era meu apelido. Não sei o que aconteceu lá em cima, entre você e o Seu Caetano, mas, da próxima vez que você me colocar numa fogueira dessas, eu comunico a empresa e os seus pais. Aí, você vai ver o que é bom pra tosse.

Pedi desculpas ao instrutor e prometi-lhe que nunca mais aprontaria com ele. Afinal, ele era uma boa pessoa e tínhamos um bom relacionamento. Logo passou a bronca e voltamos às boas, mas, vez por outra, ele se lembrava do ocorrido e me dizia:

- Você é um tremendo cara de pau!

Macaco com quatro letras

Essa é do Wallace

Depois de formado pelo SENAI, continuei trabalhando como torneiro mecânico por vinte e cinco anos. Trabalhei em diversas empresas do ABC Paulista. Já na década de oitenta, trabalhava na fábrica da Equipamentos Villares, uma empresa metalúrgica, que produzia motores para navios, escavadeiras, locomotivas e outras máquinas de grande porte, em São Bernardo do Campo. A fábrica se tornou muito conhecida porque ali trabalhou o ex-presidente Lula.

Na Villares, conheci um inspetor de qualidade chamado Miguel Lira, a quem chamávamos Nego Lira. Era um negro, baixinho, media aproximadamente 1,65m, ostentava um grande bigode, que, segundo ele, dava um ar de importância à figura masculina. Não sei se tinha algum benefício com isso, mas ele vivia alisando o seu e sempre verificava no espelho se estava bem aparado.

O Nego Lira inspecionava as peças da usinagem leve, seção onde eu trabalhava e assim, nos tornamos bastante amigos. Conversávamos muito, sobre todos os assuntos. Ele era uma pessoa muito esclarecida, músico e regente, tocava trompete e regia a banda da igreja evangélica que frequentava. Era muito solícito, atendia a todos sem distinção. Humilde, estava sempre disposto a ajudar, mas, muitos colegas abusavam de sua simplicidade. Geralmente, ele nem percebia, mas, às vezes, ficava muito chateado. Em várias ocasiões conversou comigo para desabafar, ao se sentir magoado.

Nesta época, trabalhávamos em máquinas modernas, computadorizadas, chamadas tornos CNC, máquinas-ferramenta que possuíam um comando numérico computadorizado, uma novidade nas fábricas brasileiras no início dos anos oitenta do século XX. Como estas máquinas executavam as peças automaticamente, os operadores se limitavam a acompanhar o processo e a supervisionar o resultado. A programação era feita pelos técnicos, que trabalhavam no setor de métodos e processos, e a preparação da máquina era feita por um profissional especializado, o preparador, que, neste caso, era o Canova, um profissional muito experiente que passou por uma capacitação na empresa fabricante das máquinas e fora promovido.

Nós, operadores, embora fossemos profissionais qualificados, torneiros mecânicos, alguns fresadores e outros mandrilhadores, ficávamos muito tempo apenas observando o comportamento da máquina enquanto a peça era executada. Assim, alguns costumavam ler o jornal ou fazer palavras cruzadas, enquanto esperavam que a peça ficasse pronta (ainda era possível isto nas fábricas).

Era comum, nestas ocasiões, os trabalhadores trocarem informações sobre as palavras cruzadas que respondiam e, como o barulho das máquinas os atrapalhava, gritavam um para o outro a palavra que procuravam ou a resposta para a questão.

Um belo dia, enquanto o Nego Lira circulava pelo corredor da seção, medindo uma peça aqui e outra acolá, o Correia, que também estudara no SENAI de Santo André, junto comigo, e o Wallace, que trabalhavam lado a lado, faziam palavras cruzadas.

Corria tudo bem, até que o primeiro gritou, exatamente na hora em que o Nego Lira passava em frente à máquina onde ele trabalhava:

- Macaco com quatro letras, a segunda é um l?

- Lira – Gritou o Wallace sorrindo, em clara provocação ao inspetor.

O Nego Lira ficou extremamente irritado, pois sentiu-se ofendido. Partiu em direção ao Wallace bradando inúmeros palavrões. Naquele momento, nem a doutrina evangélica foi capaz de abrandar sua reação. Ameaçou-o de entrar com processo contra ele por racismo e denunciá-lo à direção da empresa. Foi preciso uma intervenção do Correia e do encarregado da seção para acalmar os ânimos.

O Wallace saiu da dificuldade alegando que apenas gritara para cumprimentar o inspetor, que ainda não tinha visto naquele dia. Não sei se convenceu os apaziguadores, mas o Nego Lira, com certeza não. Depois de um longo bate-boca, deram o caso por encerrado, mas a amizade dos dois ficou estremecida por alguns dias, porém, como sempre acontecia com aquele grupo, tudo foi voltando ao normal, aos poucos, afinal, situações como esta, são logo esquecidas dentro das fábricas. Sempre acontece uma nova história e as antigas vão deixando o espaço para as mais novas. Com o passar do tempo, até o Nego Lira ria do mico do Wallace.

Guaraná não!

Essa é do Jegão

Década de oitenta, para ser mais preciso, ano de mil novecentos e oitenta e três, lembro-me bem, pois foi o ano de minha demissão da Equipamentos Villares, fábrica onde todos os torneiros mecânicos que conheço, se não conseguiram, ao menos, tentaram trabalhar. Até o Lula, antes de se tornar o maior líder sindical que este país já viu, teve sua passagem por ela. Aliás, ali, seu apelido foi, antes, Taturana, em alusão ao bigode, que antecedeu a barba cultivada até os dias atuais.

Trabalhávamos na usinagem leve. Éramos pelo menos vinte torneiros mecânicos, senão mais. Entre nós, trabalhava um homem alto, de feições embrutecidas, cabelo excessivamente oleoso, sempre lhe caindo aos olhos, bigode mal aparado e falho, com o uniforme sempre muito sujo, às vezes, verdadeiramente encardidos. Seu apelido era Jegão. Ninguém sabia explicar o porquê, eu acredito que ele tenha recebido este apelido pela somatória de suas características.

Talvez por insegurança, o Jegão sempre perguntava duas ou três vezes para o encarregado da seção se o trabalho que realizava estava correto. A consequência disso é que ele, aos poucos, tornou-se muito próximo do encarregado que, se não me trai a memória, chamava-se Altair. Cresceu entre eles uma forte ligação. Os dois conversavam muito e, vez por outra, até visitavam-se nos finais de semana.

Trabalhávamos em dois turnos, um diurno, das oito às dezoito horas e outro noturno, das dezoito às quatro horas, nos revezando mensalmente. Quando alguém trocava de turno com o parceiro, ficava três meses no mesmo período. Assim, ficava muito tempo sem se encontrar com os trabalhadores do outro turno, neste caso, nos correspondíamos através de bilhetes afixados nos armários ou nas chapeiras (local onde era colocado o cartão de ponto).

Um belo dia, encontramos um bilhete na chapeira em que marcávamos o cartão de ponto nos informando que um dos trabalhadores do outro turno que, infelizmente, não me recordo o nome, estava se aposentando e que o mesmo havia deixado algum dinheiro, com o encarregado do nosso turno, para que ele pagasse a tradicional cerveja da despedida para o pessoal do dia. Cerveja que era sagrada. Sempre que alguém saia em férias, casava ou comemorava algum feito, nos reuníamos para comemorar, ou talvez "bebemorar" fosse o termo mais indicado.

Por não gostar de frequentar o bar, o chefe, que era evangélico, tentou dar outro destino ao dinheiro. Primeiro, sugeriu que o mesmo fosse dividido entre todos, em partes iguais. A proposta não só desagradou, como deixou alguns de nós bastante revoltados. Em seguida, contrariado, deu a sugestão de fazermos um jogo da loteria, pago com o dinheiro do colega, para que todos concorressem ao prêmio que, se ganho, seria dividido em partes iguais. Novamente desagradou à maioria dos torneiros. Assim, sem outra ideia mirabolante, pediu ao Jegão que ficasse com o dinheiro e pagasse a cerveja para o pessoal.

Assim foi feito. Saímos às dezoito horas e rapidamente nos dirigimos ao Bar do Português, que ficava nas proximidades do estacionamento da fábrica. Conosco foi o

Nego Lira, que não tomava cerveja, mas comemorava tudo a seu modo. Pediu ao português que lhe trouxesse um guaraná e brindou com todos a aposentadoria do colega que partia. Mais tarde, tomou outro refrigerante e comeu um salgadinho, limitando a isto sua participação em nossa festa.

Depois de algumas horas tomando cerveja e jogando conversa fora, já estávamos para sair, quando o Jegão, com um ar de importância muito maior que a que verdadeiramente tinha naquele momento, pediu ao português que lhe trouxesse a conta.

O homem tomou da calculadora e pôs-se a somar, falando em voz alta, para que todos pudessem ouvi-lo e conferir a conta, afim de que não ficasse nenhuma dúvida:

- Duas dúzias de cerveja, uma porção de frango a passarinho, mais um salgadinho e dois guaranás.

Mal terminou a frase e o Jegão esbravejou:

- Epa! Guaraná eu não pago.

- Como não paga? Gritou um rapaz, cujo apelido era Terrível. Foi você quem ficou encarregado de pagar a conta, não foi? – Questionou ele, demonstrando estar furioso com o Jegão.

A resposta do Jegão veio mais rápida que a anterior:

- O Altair me disse que o dinheiro era para pagar cerveja. Guaraná eu não posso pagar. Respondeu ele.

Pensamos que se tratasse de uma brincadeira, mas, como o Jegão insistisse naquela bobagem, fomos aos poucos ficando todos muito irritados com ele. Por pouco não apanhou. Sua postura causou uma indignação generalizada. Todos falavam e gesticulavam ao mesmo tempo. O coitado do Nego

Lira tentou pagar os guaranás e o bolinho que comera, mas foi impedido pelo grupo.

No final, para não causar mais constrangimentos, o Português deixou os guaranás de graça, para terminar com o impasse. Sabia que isto agradaria os mais exaltados. Experiência de muitos anos de balcão, revelou ele, em outra oportunidade.

Feito o desconto, alguns comemoraram a habilidade do português, outros acharam que deveríamos ter uma "conversinha" com o Jegão fora do bar, a fim de aplicar-lhe um corretivo, mas a discussão foi encerrada por ali mesmo e ninguém precisou *"corrigir"* ninguém.

O Jegão foi embora contrariado, insistia que não era para pagar guaraná. Obviamente foi o assunto da semana na Equipamentos Villares. Ele nunca mais saiu conosco para tomar cerveja, mas nem assim livrou-se da zombaria dentro da fábrica. Por onde passava, tinha sempre alguém para gritar:

- Guaraná não hein!

Meia gota

Essa é do Cabeça de Poeta

Quando pensamos em economizar alguma coisa, é comum pensarmos em dividir o que temos, consumirmos uma parte e guardarmos a outra, para ser consumida noutra oportunidade. Acontece que, algumas coisas são indivisíveis. Assim como um muro será sempre um muro, não importando que seja grande ou pequeno, um furo é um furo e uma gota será sempre uma gota. Não há como dividi-los, mas, para algumas pessoas, a regra não é exatamente esta.

A palavra de ordem na fábrica da Equipamentos Villares, no ano de mil novecentos e oitenta e dois era economia. O discurso recorrente era sempre de que o país havia entrado em crise de desenvolvimento e precisávamos economizar de tudo: ferramentas, óleos lubrificantes, matéria-prima e que até o cafezinho na seção estava ameaçado, diziam os encarregados, por ordem da direção da empresa.

Nesta época, cada seção da fábrica tinha um grupo de inspetores de qualidade. Na usinagem, leve eram seis. Todos liderados por um encarregado chamado Gaspar, que por sua fisionomia, foi alcunhado como Cabeça de Poeta, pois era muito parecido com o famoso artista baiano Odair Cabeça de Poeta, do grupo Os Novos Baianos.

O Cabeça de Poeta da Villares gostava muito de reunir sua equipe de inspetores em torno da mesa, para longas conversas sobre o trabalho. Nestas ocasiões, sempre que passava alguém hierarquicamente mais importante, durante o período da reunião, ele falava alto e gesticulava muito, queria que todos percebessem que instruía o grupo e que se fazia ouvir. Do mesmo modo, empenhava-se em brilhar quando o supervisor, ao passar por lá, integrava-se ao grupo e participava da reunião conduzida por ele, que ficava visivelmente lisonjeado.

Numa dessas reuniões, o Cabeça de Poeta discorria sobre a importância da economia de material para o futuro da empresa, falava mais especificamente sobre o *Líquido Penetrante,* um líquido de cor vermelha que os inspetores de qualidade utilizavam para verificar se havia alguma trinca em peças fundidas. Segundo ele, era um material muito caro e, portanto, precisava ser economizado.

O supervisor, Sr. Emílio, passava pelo local durante a reunião, exatamente como o encarregado gostava e achou interessante o que ouviu. Aproximou-se do grupo e prestou atenção à palestra do Cabeça de Poeta. Deve ter gostado, pois ficou ali por um bom tempo. De lá, avistou o gerente da usinagem que passava pelo corredor e o convidou a ouvir o que o encarregado da inspeção estava fazendo para reduzir os custos do setor. Achegando-se ao grupo, o gerente também se interessou por ouvir as medidas para a redução do consumo do referido líquido.

O palestrante improvisado estava sentindo-se nas alturas. Não era comum um simples encarregado ter a presença do supervisor e do gerente da produção em sua seção, principalmente para ouvi-lo. O normal, quando passavam por lá, era que eles falassem ao grupo e não o contrário.

Diante dos ilustres visitantes, sentindo-se mais importante do que, de fato, era, o Cabeça de Poeta brindou a todos com sua pérola:

- Senhores, disse, dirigindo-se aos superiores. Eu já orientei a todos os meus inspetores, recomendei que eles, quando forem usar líquido penetrante, coloquem apenas meia gota.

- Brilhante recomendação! - Disse o gerente, saindo do círculo rapidamente e levando consigo o supervisor. Rindo muito, ele balançava a cabeça em um gesto de reprovação.

Possivelmente o Cabeça de Poeta nem tenha percebido a bobagem que disse, mas os inspetores, a partir daquele dia, toda vez que viam alguém pegar o vidro do tal líquido, falavam uns para os outros:

Veja lá hein! – É só meia gota.

Aumento de ano

Essa é do Osvaldo

Esta é mais uma pérola que aconteceu na fábrica da Equipamentos Villares. Osvaldo era um operador de torno vertical. Por sinal, um excelente profissional. Era ele quem treinava os novatos ao ingressarem naquela seção pois, sendo um dos funcionários mais antigos e experientes, além de conhecer todas as máquinas do setor, conhecia todas as peças que eram fabricadas ali. Ele tinha muitas qualidades, não apenas profissionais. Sempre fora amigo de todos, ouvia com calma quando alguém precisava conversar, sempre colaborava para o bem-estar do coletivo enfim, era considerado um bom companheiro, mas gostava de tomar uma cachacinha e não se preocupava muito em saber se o momento era apropriado ou não para tomar sua branquinha.

Muitos operários saíam da fábrica no horário do almoço para tomar um aperitivo, a fim de abrir o apetite, como diziam, porém, alguns se excediam, ou gostavam de ter o apetite bem aberto. O fato é que, compravam uma garrafa de cachaça, colocavam o nome no rótulo e tomavam à vontade. O que sobrava, pediam ao Mineiro, dono do bar, que guardasse para o dia seguinte. Muitos faziam isto e, curiosamente, ninguém tomava da cachaça de outro. Parecia haver um pacto de honestidade entre eles. Nos vinte e cinco anos em que trabalhei como operário, nunca ouvi dizer que alguém tenha bebido da cachaça de outro sem autorização.

Osvaldo sempre tinha sua garrafa no Bar do Mineiro e, quando estava aborrecido, tomava além do habitual, chegava, inclusive, a tomar de uma vez só o que deveria ser o aperitivo da semana toda. Quando isto acontecia, ele nem almoçava. Comia qualquer bobagem, no bar mesmo, e entrava para a fábrica, para cumprir a segunda parte da jornada do dia.

Em um desses dias, estando muito aborrecido, sabe-se lá por qual motivo, afinal, já chegara à fábrica cabisbaixo e pensativo, saiu para tomar seu aperitivo e passou a hora do almoço toda no bar. Tomou várias doses de sua cachaça predileta e beliscou um pedaço de linguiça calabresa, cujo aspecto, sugeria aos mais prudentes que mantivessem distância dela. Os peões diziam que o nome da linguiça do Bar do Mineiro era Jesus te Chama.

Quando voltou para a fábrica, ao final do intervalo do almoço, recostou-se no armário de ferramentas, ao lado do torno em que trabalhava, e ficou ali, por muito tempo. Parecia pensativo, o olhar distante e as mãos ligeiramente trêmulas. Ficou assim até que o encarregado, o Velho Bezerra, notou que ele não estava trabalhando e foi perguntar-lhe o que havia acontecido.

Como bom tratamento não era a especialidade do chefe, este se aproximou da máquina, onde o Osvaldo deveria estar trabalhando, e perguntou bem alto, com sua voz rouca e seu sotaque cearense:

- Osvaldo! - O senhor não vai trabalhar mais, hoje, não?

O Osvaldo olhou para o encarregado, balançou a cabeça negativamente e respondeu com sua voz embriagada:

- Tô esperando me dá vontade!

O Velho Bezerra fez uma cara de quem não gostou nem um pouquinho do que ouviu, ameaçou uma reação intempestiva, chegou a apontar o dedo em riste para o subordinado, mas, conteve-se, respondeu apenas:

- "Tá" certo Seu Osvaldo. Deixe estar.

E saiu, andando vagarosamente, com as mãos para traz e a cabeça baixa, notadamente irritado, como ficava todas as vezes em que se sentia contrariado. Foi até o final do corredor, onde havia uma porta que dava acesso ao pátio. Ali, parou e ficou pensativo. Ninguém ousava interpelá-lo, fosse qual fosse o assunto, quando parava naquela porta e se punha a pensar. Vez por outra, fazia isto: ficava ali parado, como se meditasse. Parecia estar longe, provavelmente, pensando na aposentadoria que, segundo dizia, parecia não chegar nunca.

Passaram-se pelo menos dez minutos até que o velho retornasse para sua mesa e voltasse a trabalhar e, mesmo ali, continuou cabisbaixo, pensativo. Não olhou mais para a máquina do Osvaldo nem para os desenhos que ficavam sobre sua mesa aguardando o momento de serem utilizados por algum profissional. Só saiu dali quando seu parceiro de turno chegou e ele precisou apresentar-lhe o serviço a ser feito.

Naquela época, nem se falava em plano de carreira nas fábricas do Grande ABC. Porém, na Equipamentos Villares, sempre que um funcionário completava um período aquisitivo, ou seja, completava um ano de serviço prestado na empresa, recebia um aumento de seis por cento no salário, que foi batizado por todos como aumento de ano.

Algum tempo depois da tarde em que esperou pela vontade de trabalhar, Osvaldo completou mais um ano de casa e, como todos, conquistou o direito de receber seu aumento de ano, porém, ao receber o holerite, notou que seu salário continuava inalterado.

Inconformado com a falta do aumento salarial, foi até a mesa do Velho Bezerra e, indignado, perguntou-lhe:

- Seu Bezerra! O senhor esqueceu de me dar meu aumento de ano?

O encarregado não se alterou. Ajeitou-se na cadeira e, olhando fixamente para o Osvaldo, com um sorriso sarcástico nos lábios, respondeu-lhe:

- Tô esperando me dá vontade.

E pelo visto a vontade do homem demorou bastante, pois o aumento do Osvaldo só veio dois meses depois.

Explicação

Mais uma do Velho Bezerra e minha também

Em meus quatro anos de trabalho, na fábrica da Equipamentos Villares, nunca fui subordinado ao Velho Bezerra, mas, algumas vezes, quando a máquina em que eu trabalhava quebrava, eu ia trabalhar na seção que ele comandava. Quando isto acontecia, tinha oportunidade de conversar um pouco com o velho. Geralmente, falávamos sobre trabalho e parece que ele gostava, pois parava ao meu lado e ficava vendo-me trabalhar.

Ele gostava muito de falar de sua experiência profissional, sempre que ia me entregar alguma tarefa para realizar, fazia questão de abrir o desenho e dizer como faria cada detalhe. Eu dava-lhe a devida atenção, mas nem sempre fazia o trabalho como recomendava. Afinal, quando comecei naquela fábrica, já tinha experiência e conhecimento suficiente para determinar como deveria proceder em meu trabalho.

Certa noite, a máquina em que eu trabalhava quebrou. Era um torno CNC, Comando Numérico Computadorizado. O problema era eletrônico e, como não havia técnico de plantão, o serviço ficaria para o dia seguinte. Para que eu não ficasse à toa, perambulando pela seção, nosso encarregado, um japonês de nome Kimura, "convidou-me" para que fosse trabalhar em uma máquina na seção do Velho Bezerra.

Atendendo ao "convite irrecusável" do Kimura, apresentei-me ao Velho Bezerra e este, depois de cumprimentar-me, acompanhou-me até uma máquina que estava parada. Lá chegando, como de costume, contou-me a história daquela máquina. Falou sobre a época em que ela chegou à fábrica, disse que trabalhou nela alguns anos e que era uma máquina excelente. Lembrou que o Lula trabalhou nela também, por pouco tempo, pois logo foi para a diretoria do sindicato. Depois, abriu o desenho das peças que seriam executadas, segurou-o com a mão esquerda e, com a mão direita batia sobre o traçado da peça e dizia:

- Você pega o material, prende na placa por aqui, dá um tapa aqui, dá outro tapa aqui e mais um tapa ali e pode pôr na caixa. Entendeu?

- Entendi. - Respondi, olhando para o desenho, que me era bastante familiar. Afinal, já trabalhava na fábrica havia vários anos e também já havia feito aquele trabalho outras vezes.

O Velho arregalou os olhos e, com um ar de sinceridade, me pediu:

- Então me explica, porque eu não entendi nada.

Dei uma risada, que ele não gostou muito, depois me desculpei e expliquei-lhe como era a peça e como faria para executá-la. O velho disse que estava percebendo que sua cabeça já não dava mais para aquilo, que talvez fosse bom se aposentar e foi para sua mesa. Quem sabe para refletir sobre a aposentadoria.

É claro que, depois, eu contei para os colegas. Na fábrica, há um pacto: o que é engraçado é de domínio público e, se não contasse aos outros, uma coisa como aquela, estaria descumprindo este pacto.

A vingança do Osvaldo

Essa é do Velho Bezerra e do Osvaldo, de novo

Trabalhar à noite não é uma coisa muito fácil. O desgaste físico é muito maior do que quando se trabalha durante o dia, sobretudo nas pessoas mais velhas. Isto estava se tornando um problema sério para o Velho Bezerra. No turno da noite ele já não conseguia ficar acordado durante todo o período.

No início da noite, circulava pela seção, passava de máquina em máquina, cumprimentava a todos educadamente, verificava a quantas andava o trabalho, fazia perguntas, que nem sempre ouvia as respostas e dava sugestões nem sempre acatadas pelos subordinados. Depois, dirigia-se à sua mesa, sentava-se e lia o jornal, que seu parceiro do dia deixava sempre no mesmo lugar.

Após a leitura do jornal era comum encontrá-lo separando ordens de serviço que deveriam ser executadas em breve. Colocava-as na ordem de execução no canto esquerdo da mesa. Assim, quem terminasse o serviço, já saberia por onde deveria continuar, bastava seguir a ordem das fichas.

Com o passar do tempo, os operários notaram que ele não se empenhava mais em separar as ordens de serviço. Aos poucos, foi se tornando comum alguém terminar o trabalho e ele ainda não saber qual seria a próxima tarefa a ser executada. Quando terminava a leitura do jornal, ficava sentado divagando, sonhando com a aposentadoria, chegando inclusive a tirar alguns cochilos.

Certa feita, quando os cochilos já estavam sendo bem mais longos e profundos, o Velho Bezerra dormiu pesado, debruçado sobre sua mesa de trabalho, com a cabeça arriada, sobre os braços. Vendo a cena, o Osvaldo não se conteve, resolveu dar-lhe o troco, pois ainda estava ressentido com o chefe por causa do aumento salarial, que este não lhe dera no tempo certo.

Pé ante pé, passou em frente à mesa várias vezes, fazendo sinal para que os colegas ficassem em silêncio. Após certificar-se de que o velho dormia profundamente, pegou uma garrafa de cachaça, que escondera no armário, e um copo pequeno, daqueles com fundo grosso que são usados nos bares. Encheu parcialmente a garrafa e o copo, com água, e depositou-os cuidadosamente sobre a mesa.

Todos os que passavam por ali riram a valer da cena que Osvaldo montara. Parecia mesmo que o velho tivesse bebido até adormecer. Teve gente que tentou retirar a garrafa dali, porém alguns trabalhadores, solidários ao Osvaldo, impediram que isto acontecesse. A garrafa e o copo permaneceram na mesa do encarregado até que o Sr. Garcia, supervisor do noturno, em uma de suas rondas imprevistas, parasse em frente à mesa e o chamasse, furioso:

- Bezerra! Que palhaçada é essa aí?

Desconcertado, o velhote levantou a cabeça, esfregou os olhos, como se esperasse que a garrafa e o copo sumissem de sua frente. Sem entender muito bem o que acontecera, respondeu apenas:

- Sei não Garcia. Alguém resolveu brincar comigo.

- Em primeiro lugar, você não está aqui para brincar, nem para dormir. - Retrucou o supervisor. E, em segundo, você é que deveria garantir que não acontecessem brincadeiras nesta seção. Como é que você me explica isto?

Ele não explicou, nem poderia, pois dormira muito tempo com a garrafa à sua frente. Balbuciou algumas possibilidades até que o supervisor desistisse de entender o que acontecera ali, e se retirasse bastante zangado.

O velho bem que tentou saber quem fizera a brincadeira, perguntou para vários subordinados, se alguém tinha visto quem colocou a garrafa e o copo sobre a mesa, mas, ao que tudo indica, não conseguiu.

Oficialmente ninguém lhe contou o ocorrido, mas algum tempo depois especulava-se que ele sabia ter sido obra do Osvaldo, mas nunca comentou abertamente e também, nunca ficamos sabendo que alguém tenha lhe contato. Afinal, seria uma "trairagem" muito grande e, peão de verdade nunca trai um colega.

Data de nascimento

Essa é do Macaxeira

Em todas as seções da fábrica da Equipamentos Villares havia um ajudante. Entre outras coisas, sua função era auxiliar os profissionais na preparação das máquinas e providenciar as ferramentas necessárias à realização do trabalho, além é claro, de ir buscar o café nos horários determinados. Função que, aliás, eles faziam com um prazer muito maior.

Em nossa seção, a usinagem leve, o ajudante era o Macaxeira, um baiano, recém-chegado a São Bernardo do Campo, que trabalhava feliz da vida, pois, mal chegara e já se colocara, como ele dizia, em uma grande empresa. De saída, como não podia deixar de ser, comprara uns óculos escuros e uma bicicleta. Não comprou radinho de pilha, como muitos conterrâneos seus faziam, mas comprou um relógio digital que marcava até a previsão do tempo, imaginem. Era um relógio supermoderno para a época. Havia quem dissesse que, chegando em casa, à noite, ele reunia a família, pendurava o relógio na parede e ficavam todos assistindo. Pura maldade.

Seu nome era Erenilton, mas os trabalhadores se recusavam a chamá-lo assim. Desde o primeiro momento foi chamado de Macaxeira. Ele não gostou nem um pouco, resistiu, resmungou, mas, restou-lhe apenas aceitar ser o Macaxeira, pois enquanto resistira à ideia, fora motivo de gozação. Depois, acostumou-se e, parecia que até gostava.

A função principal do Macaxeira era atender os profissionais na preparação das máquinas. Aos poucos ele foi conhecendo as ferramentas e cada uma das máquinas, algumas ferramentas estavam se tornando tão conhecidas dele, que nem precisava de requisição escrita para localizá-las. Ia ao almoxarifado e pedia pelo número que guardava na memória.

Quando chegava à máquina com as ferramentas, sabia exatamente como colocá-las adequadamente para o uso. Era rápido e dedicado, brincava o tempo todo, chegava a ser um prazer tê-lo como ajudante naqueles momentos.

Pois bem, durante a preparação de uma máquina, enquanto ajudava um torneiro, o Macaxeira sofreu um pequeno acidente. Uma ferramenta ligeiramente pesada caiu, atingindo-lhe o dedo, causando um pequeno ferimento.

Um tanto a contragosto, ele foi encaminhado à enfermaria. Lá, fizeram um curativo e aplicaram-lhe uma injeção que, segundo ele, fora a mais dolorida que já experimentara.

Voltando para a seção o rapaz passou a maior parte do tempo conversando com os colegas. Todos queriam saber o que lhe acontecera e ele contava o ocorrido esmerando-se para engrandecer o fato, com riqueza de detalhes, dignas de notícia de telejornal sensacionalista.

Algumas horas depois, chegou à seção um técnico de segurança, o Paulo, que veio para realizar a investigação do acidente. Precisava do Macaxeira para preencher o relatório, medida de segurança, caso acontecesse algum problema e precisassem encaminhá-lo para o INSS.

Assim que chegou, o técnico perguntou ao recém acidentado:

- Seu nome?

- Erenilton dos Santos – Respondeu ele, sem hesitação.

- Seção em que trabalha?

- CQUL 1. Respondeu de pronto, ao que foi aplaudido pelos colegas que assistiam a entrevista.

- Registro?

- 13872. Respondeu de pronto. E mais uma vez os aplausos estalaram no ar.

- Data de nascimento? Perguntou o técnico.

O silêncio foi total, ninguém dizia absolutamente nada, nem o Macaxeira, nem o técnico e muito menos os ouvintes.

- Data de nascimento? Perguntou novamente o técnico, depois de vários segundos aguardando em vão por uma resposta.

Ante a falta de resposta do Macaxeira, que permanecia cabisbaixo, como se estivesse a pensar, o homem insistiu:

- Perguntei qual sua data de nascimento cara?

- Espere um pouco, pediu o rapaz. Vou olhar na carteira de identidade – Respondeu, já correndo para pegar o documento.

Foi o suficiente para uma gargalhada geral. O técnico não se conformava:

- Quer dizer que você sabe de cabeça tudo o que te perguntei antes e não sabe a tua data de nascimento?

- Pois é, disse o macaxeira um tanto encabulado, enquanto mostrava o RG para o técnico. É que na Bahia a gente nasce num dia e é registrado quando o pai vai para a cidade. Assim, eu fico sempre em dúvida.

A notícia de que o macaxeira não sabia a data de nascimento correu a fábrica toda, muita gente dedicou alguns minutos a aporrinhá-lo. Alguns dias foram precisos para que deixassem de perguntar-lhe se já havia decorado sua data de nascimento.

Cadê o carro "muié"?

Essa é do Passarinho

Para receber o apelido de Passarinho, um trabalhador precisa ser franzino, do tipo baixinho e magrinho e, acima de tudo, parecer frágil aos olhos dos colegas. O Bezerrinha era assim. Bezerrinha porque seu sobrenome é Bezerra, mas, como já havia ali o Velho Bezerra, inicialmente chamaram o Rubens de Bezerrinha, porém, bastou um pouco de intimidade e pronto, ele virou o Passarinho.

Era a segunda vez que o Passarinho trabalhava na Equipamentos Villares. Fora aluno do SENAI, por aquela empresa, no início dos anos setenta. Estagiara com o LULA, melhor, com o Taturana. E fazia questão de tratá-lo assim. Depois de adulto, voltou como torneiro mecânico oficial.

Do tipo engraçado, Passarinho vivia procurando histórias dos colegas para divulgar pela fábrica. Era um leva e traz, como diziam. Sabia de tudo sobre todos, dificilmente alguém contava algo que ele já não soubesse, parecia uma enciclopédia.

Um belo dia, fomos surpreendidos pelo Passarinho. Era uma história nova e a personagem principal, adivinhem quem era? O próprio. Isto mesmo, pela primeira vez o Passarinho contava um feito seu, um deslize para o contador de histórias oficial da Equipamentos Villares.

Estávamos reunidos em volta do bule de café, que o Macaxeira acabara de colocar sobre a bancada, quando o

Passarinho pediu a palavra, já dando risada, antes mesmo de começar a contar a história.

- Gente! Pisei na bola, iniciou ele. Imaginem vocês, que eu vim trabalhar de carro ontem. Acordei meio tarde e ia perder a hora se viesse de ônibus. Então, resolvi vir de carro. Quando cheguei ao estacionamento, deixei o carro na sombra de uma árvore, bem ao lado da guarita do guarda. Recomendei que ele tomasse conta para mim e entrei para a fábrica. Trabalhei o dia inteiro, como sempre faço, não é mesmo? Ao ouvir isto, o riso foi generalizado. Ninguém concordou com ele.

Neste momento, foi interrompido pelo Figueiredo, o mais velho dos torneiros e o menos dado a brincadeiras, que disse:

- Nós sabemos o quanto você trabalha...

Todos riram novamente e o Passarinho continuou:

- Muito bem, na hora da saída, dei o maior fora. Sai conversando com o Macaxeira, entrei no ônibus com ele e fui embora. Chegando a São Caetano, desci e caminhei durante uns dez minutos, até chegar em casa, mas, quando olhei para a garagem e vi que estava vazia, me preocupei. Afinal, minha mulher não dirige. Pensei que ela tivesse emprestado o carro para alguém sem o meu consentimento. Ai, já entrei em casa bravo.

Entrei rápido e fui direto para a cozinha, onde ela estava fazendo o jantar. Antes mesmo de cumprimentá-la gritei:

- Cadê o carro muié?

- Sei lá, disse ela. - Você não foi trabalhar com ele hoje cedo?

- Ai caramba! Disse eu, tratando de sair correndo.

Peguei um ônibus circular e rumei de volta para a fábrica, para buscar o carro. Quando cheguei em casa, já eram mais de oito horas, quase perdi o Jornal Nacional.

Ele mal terminou sua narrativa e todos já estavam gritando:

- Ai burro! Ai burro!

- Toma Passarinho! Completou o Macaxeira.

Depois daquele dia, quando o Passarinho vinha contar alguma história, tinha sempre alguém que perguntava:

- Cadê o carro passarinho?

Quinze milímetros

Essa também é do Velho Bezerra,
dessa vez, com o Bezerrinha

Usinagem pesada é uma expressão muito conhecida entre os trabalhadores do ramo fabril, é utilizada para denominar as seções onde são usinadas peças grandes. Nem todos os profissionais trabalham com este tipo de serviço, é preciso experiência no manuseio das peças e na operação das máquinas, que costumam ter dimensões gigantescas.

Essa história aconteceu na fábrica da Equipamentos Villares, mais precisamente na usinagem leve, onde havia um torno mecânico que, pelas dimensões, deveria ter sido instalado na usinagem pesada. A máquina tinha aproximadamente 10 metros de comprimento, a placa onde eram presas as peças a serem usinadas media 800 milímetros de diâmetro e as peças ali executadas, costumavam pesar entre uma e duas toneladas. Ninguém sabia exatamente porque a máquina fora instalada ali, provavelmente porque não havia espaço na usinagem pesada quando a compraram.

Quando se usina uma peça no torno, coloca-se a ferramenta para cortar o material em camadas. No início, desbastam-se camadas grossas, mas, ao se aproximar da medida desejada, diminui-se a espessura da camada para não correr o risco de passar da medida e assim "matar" a peça, expressão utilizada quando o trabalhador erra na medida e inutiliza a peça em fabricação.

Certa noite, o Bezerrinha, que ainda não tinha recebido o apelido de passarinho, foi escalado para trabalhar no torno grande, como dizíamos, pois, sua máquina habitual estava quebrada. Segundo ele, ao chegar ao torno grande, não havia ninguém para passar-lhe o serviço, uma vez que o operador do turno do dia já havia saído. Assim, ele analisou o desenho, observou a operação em andamento e tomou as medidas da peça, concluindo que já estava no ponto de diminuição da profundidade da camada de desbaste, pois já estava em fase de acabamento das medidas.

Como sempre fazia, o Velho Bezerra circulava pelo corredor central da seção, com as mãos para trás, olhando, ora para um lado, ora para o outro, observando o trabalho de todos os seus subordinados. Ao passar pelo torno grande, observou que a máquina estava cortando uma camada fina de material e resolveu intervir no trabalho do Bezerrinha.

- Rubens! - Chamou o chefe, fazendo sinal para que o Bezerrinha se juntasse a ele, em frente à máquina.

- Esta máquina é muito forte, disse ele. – Pode tirar quinze milímetros de material em cada passe. Quer ver?

Sem esperar pela resposta do rapaz, o Velho Bezerra interrompeu a operação em curso, voltou a ferramenta para a face da peça, por onde começava a operação de desbaste, avançou a ferramenta quinze milímetros e ligou o automático. A máquina passou a soltar cavacos bem maiores que os que soltava quando posta em funcionamento pelo subordinado e o chefe, sorrindo, comentou orgulhoso de seu feito:

- Viu? – Perguntou olhando para o Bezerrinha que, incrédulo, tentava responder. Eu não disse que aguentava quinze milímetros?

- Sim, respondeu o Bezerrinha – O Senhor disse, mas...

- Não tem mais nem menos – Enfatizou o chefe, pode colocar sempre quinze milímetros.

O Velho permaneceu ao lado da máquina até que terminasse aquela fase da operação. Ao final, desligou a máquina, cheio de si, e preparou-se para sair dali, mas foi interrompido pelo subordinado que esclareceu-lhe:

- Seu Bezerra, o senhor matou a peça.

- Como matei? Indagou o chefe, já com expressão de pavor na face.

- Eu estava fazendo o acabamento do diâmetro. – Explicou o rapaz: só faltava tirar um milímetro, o senhor avançou mais quinze. Matou a peça. E agora?

- E agora. Gaguejou o Velho Bezerra. Bom, agora você faz de conta que acabou o serviço, coloca a peça na caçamba e manda a empilhadeira levar para a sucata, mas não conte pra ninguém o acontecido. Entendeu?

- Entendi! - Afirmou o Bezerrinha, mal se contendo de vontade de rir da bobagem do superior.

O Velho Bezerra saiu dali cabisbaixo, foi direto para o banheiro, lavou as mãos, voltou para sua mesa, sentou-se e ficou ali pensativo por muito tempo. Quanto ao Bezerrinha, bem, ele votou a trabalhar, com outro material e garantiu ao chefe que não diria nada a ninguém. Se disse ou não disse, ninguém pode provar, mas que alguns minutos depois todo mundo sabia que o Bezerra havia matado a peça, todo mundo sabia.

Paletó no gancho

É mais uma do Cabeça de Poeta

Ao final do dia de trabalho, era comum encontrarmos operários sentados nos bares próximos às fábricas. Geralmente, era ali que faziam suas comemorações. Certa feita, dirigiram-se para o Bar do Mineiro, o Cabeça de Poeta e o Velho Bezerra, a fim de participarem de uma comemoração dos peões da usinagem leve.

Com motivo, ou sem motivo mesmo, sempre havia comemoração. Não me recordo porque nos reunimos ali naquela tarde, é possível que tenha sido o início das férias de alguém, mas o fato é que estávamos acomodados nas mesinhas que o Mineiro colocava na calçada, tomando cerveja, quando os dois chegaram conversando animadamente.

Ambos vestiam o uniforme dos supervisores, mas, como estava aquele friozinho característico dos fins de tarde, nos meses de inverno, o Velho Bezerra usava uma jaqueta de nylon e o Cabeça de Poeta um paletó preto, velho conhecido de todos os que trabalhavam com ele.

Assim que chegaram, pediram ao Mineiro uma mesa, no que foram prontamente atendidos. A mesa a eles indicada foi colocada na calçada, bem próxima ao meio fio, com visão privilegiada do movimento. Uma vez sentados, os dois pediram "uma quente", para quebrar o gelo, depois, acompanharam-nos na cerveja gelada.

Depois de algumas cervejas e boas gargalhadas, o Cabeça de Poeta sentiu calor e resolveu tirar o paletó. Olhou para os lados, até que localizou um gancho, bem à sua direita, ao alcance do braço e, sem nenhum esforço, pendurou ali o paletó que já o incomodava, só não observou que o gancho era da carroceria de um caminhão de bebidas, que fazia entrega no Bar do Mineiro.

Mais algumas cervejas, muitas risadas e os rapazes da entrega, terminado o serviço, entraram no caminhão, bateram a porta exageradamente e puseram o veículo em movimento, levando junto o paletó do Cabeça de Poeta.

No momento seguinte, o que se viu foi uma autêntica cena de pastelão. O Cabeça de Poeta saltou da cadeira e pôs-se a correr atrás do caminhão gritando:

- Este paletó é meu. Pare este caminhão. Volte aqui!

O homem correu desesperadamente, até alcançar a esquina, que ficava a uns cem metros de distância do bar, onde o casaco caiu, devido à força do vento.

Quando voltou, esbaforido, com o paletó sujo na mão, ainda teve que ouvir a "peãozada" gritando, em coro:

- Este paletó é meu! Pare este caminhão!

E gritaram muitas outras vezes, enquanto o Cabeça de Poeta tentava, em vão, limpar a sujeira que impregnara todo seu paletó.

Hoje tem festa

Essa é do Tonhão
Ou seria do Fábio?

O trabalho em turnos, em regime de revezamento, é muito desgastante, particularmente o turno da noite. Na fábrica da Equipamentos Villares, em São Bernardo do Campo, trabalhávamos das dezoito horas às quatro da manhã do dia seguinte e trocávamos de turno a cada mês. Nem todos os trabalhadores se adaptam a este horário, muitos de nós pediam aos parceiros, que gostavam do horário noturno, para trocar e assim, ficar três meses seguidos trabalhando no turno do dia.

Quem nunca tinha trabalhado à noite, ao começar a trabalhar na empresa, iniciava no turno do dia. Com um pouco de sorte, conseguia ficar os três meses iniciais neste horário. Foi o caso de um jovem chamado Fábio, que começou a trabalhar na usinagem leve no inverno de mil novecentos e oitenta e dois. Era torneiro vertical e trabalhava ao lado do Tonhão, um peão forte, do tipo halterofilista que vivia se exercitando dentro da fábrica, não podia ver um objeto qualquer, que se punha a levantá-lo, como se estivesse na academia.

Segundo alguns colegas da época, o Tonhão se considerava mais forte do que de fato era, gostava de exibir os músculos para quem quer que fosse. Mal o novato Fábio começou a trabalhar e lá foi o Tonhão exibir seus dotes atléticos, imaginando com isto, ficar seu amigo. Os dois até se aproximaram um pouco, mas Fábio era calado e, por ser novo na empresa, passava quase todo o tempo concentrado no trabalho.

Terminados os três meses iniciais, chegou a hora de Fábio começar a trabalhar no turno da noite, coisa que nunca tinha feito. Quando isto acontecia, muitos trabalhadores sofriam gozações dos colegas, principalmente os casados a pouco tempo, como ele. Alguns zombavam, dizendo que o padeiro ficaria contente, outros que a esposa daria uma festa, enfim, faziam de tudo para chatear os iniciantes.

Na primeira noite de trabalho do Fábio, quando estávamos no vestiário, colocando os uniformes, conversávamos, como sempre fazíamos, quando chegou o Tonhão. Mal entrou e, ao ver o novato, sorriu e foi logo dizendo bem alto, para que todos ouvissem:

- Eh eh! Tem lugar que vai ter festinha hoje, a noite toda.

Falou e deu uma sonora gargalhada. Muita gente caiu na risada, acompanhando-o, mas isto deixou o rapaz visivelmente irritado.

- Melhor parar com isso Tonhão, disse o Canova, um colega bastante sensato, acostumado a mediar situações embaraçosas entre os trabalhadores.

- Que nada. - Continuou o Tonhão - Hoje o leiteiro, o padeiro, todo mundo vai comemorar.

Aquilo foi o suficiente para que o rapaz, já bastante irritado, corresse até o Tonhão e, saltando feito gato, lhe desferisse um soco no rosto. Tamanha foi a força do golpe que o grandalhão caiu levando consigo o armário que, por ser de metal, provocou grande barulho, chamando a atenção até de quem passava pela porta do vestiário.

Foi um corre-corre danado, o armário no chão e o Tonhão tentando se desvencilhar do oponente que saltara sobre ele e o socava desesperadamente. Aflitos, tratamos de separar os dois o mais rápido que pudemos, pois sabíamos que a segurança, com toda certeza, seria avisada do ocorrido. Alguns trabalhadores, para aumentar a confusão, chutavam o armário caído e gritavam, aumentando ainda mais o barulho e a confusão.

Quando os seguranças chegaram, já havíamos separado a briga, o Tonhão apenas resmungava que o Fábio lhe quebrara o nariz, mas, tratamos de desmenti-lo para evitar que o rapaz novato fosse prejudicado.

Enquanto conversávamos com os guardas, o Canova, discretamente, levou o Fábio para fora do vestiário e orientou-lhe que fosse para a seção. Os outros, ficaram no vestiário até a saída dos guardas para impedir que o caso acabasse em punição para alguém.

Quanto ao Tonhão, na hora do acontecido, foi poupado, mas aos poucos, todo mundo ficou sabendo que apanhara do novato e, sempre que podiam, perguntavam-lhe se haveria festinha em alguma casa naquela noite.

Vai levar pra casa?

Essa é minha (infelizmente)

Quando deixei de trabalhar na Equipamentos Villares, fui trabalhar em uma pequena fábrica chamada FME. Era uma fábrica de máquinas, do grupo Pirelli, na cidade de Diadema, onde fiquei apenas um ano, indo depois para a fábrica de São Caetano, a extinta Aços Villares. Ali, como sempre acontece, quando se muda de emprego, levei algum tempo para familiarizar-me com a nova rotina. Tudo era diferente, a fábrica, o trabalho, os horários, o restaurante, o banco, os colegas enfim, tudo mesmo.

Assim como presenciei várias histórias em que muitos colegas cometeram alguns deslizes, também tive os meus e, por volta de mil novecentos e oitenta e cinco, brindei os novos colegas com minha grande pérola.

No restaurante da Aços Villares éramos obrigados a sentar em fila, por ordem de chegada. Mesmo aqueles que pretendiam almoçar juntos, precisavam dar um jeitinho de deixar alguém passar à frente, para sentar ao lado do colega, pois, como tinham duas filas, às vezes entrava alguém da outra fila entre eles. No início, isto causava certa tensão entre os funcionários, e entre os novatos mais ainda.

Cheguei ao restaurante junto com dois colegas da usinagem pesada, onde trabalhava. Como ainda estava me acostumando com o processo, vacilei e deixei entrar umas três pessoas entre nós. O resultado foi que tive de sentar noutra mesa e almoçar sozinho, pois não conhecia ninguém ali, além dos que vieram comigo.

Tenso, almocei rapidamente, tínhamos apenas meia hora para fazermos a refeição, pois fazíamos turnos de oito horas, em regime de revezamento. Era o chamado horário corrido.

Ao sair do restaurante, apressado, para não chegar atrasado à seção, peguei meu capacete, equipamento obrigatório para os trabalhadores da usinagem pesada, ajeitei os talheres e o copo na bandeja e sai o mais depressa que pude, uma vez que, de onde estava, vi que meus colegas já haviam se retirado.

Fui saindo às pressas, sem ao menos pensar no procedimento que deveria realizar. Já estava na escada de acesso ao pátio quando alguns trabalhadores que chegavam ao restaurante puseram-se a gritar:

- Vai levar o bandejão pra casa, ô meu?

- Ai burro! – Gritavam outros.

Devo ter ficado roxo de vergonha pois, sendo negro, não dá para dizer que fiquei vermelho, mas roxo, com certeza fiquei. Eu não conseguia pensar em nada, só queria sair dali o mais rápido possível, mas, precisava voltar ao restaurante e devolver o bandejão.

Quando entrei no restaurante, pela porta de saída, trazendo de volta a bandeja, todos os que ainda almoçavam gritaram em uníssono:

- Ai burro! – Ai burro!

Coloquei os talheres no recipiente adequado e devolvi a bandeja numa velocidade incrível. Saí dali o mais depressa que consegui.

Chegando ao pátio, reencontrei os dois colegas que tinham vindo comigo. Eles estavam vermelhos de tanto rir de meu deslize. Deram-me alguns tapinhas no ombro e me chamaram para voltar à seção.

Depois de alguns minutos, o nervosismo foi passando e eu também ri muito da bobagem que fizera. Tive que aguentar os dois contando para todos na seção e suportar a gozação, até que outra coisa acontecesse e eles me esquecessem um pouco.

Aumentou a refeição?

*Essa é do Jorjão,
mas pode ser do Zane*

Na fábrica da Aços Villares, em São Caetano do Sul, no ABC Paulista, cada seção tinha um líder de turno e um mestre. Quando comecei a trabalhar ali, na seção de usinagem pesada, tinha como líder um judeu chamado Jorge, um homem alto, muito magro, de bigode e com um sotaque estranho, e como mestre, o Sr. Jôze, um homem de idade avançada, talvez, com mais de setenta anos, estilo europeu, muito branco, cabelos entre loiro e branco, que não fazia a mínima questão de disfarçar o cansaço que sentia. Dizia a todos que só estava à espera da aposentadoria.

Antes da aposentadoria do mestre Jôze, o líder Jorjão foi promovido a mestre. A ideia era que substituísse o futuro aposentado e, para tanto, deveria ser preparado com antecedência. Afinal, embora parecidas, as duas funções eram diferentes, o mestre tinha uma responsabilidade maior sobre os documentos do setor, analisava gráficos da produção, participava de reuniões com a gerência enfim, tinha um salário maior, para uma responsabilidade maior, como em toda a empresa capitalista.

Nem todas as pessoas estão preparadas para ascenderem profissionalmente, algumas delas têm um momento de deslumbramento, ante o aumento do salário e as novas perspectivas, assim, começam a preocupar-se com todo tipo de problema que encontram, querem resolver tudo, para mostrar aos superiores, que a avaliam, que estão aptas a exercer o novo cargo. Foi assim com o Jorjão.

Desde que foi anunciada sua promoção, ele passou a controlar, rigorosamente, os horários de entrada e saída dos operários na seção. Isto nunca tinha sido feito por nenhum mestre até então, mas ele, postava-se à porta da sala da chefia, que ficava no meio da seção, em um plano mais elevado e, de olho no relógio, ficava observando o horário que cada um chegava, no início do turno, ou na volta das refeições. Se alguém demorasse um pouquinho para voltar, lá ia o Jorjão de dedo em riste advertir o atrasado.

No primeiro turno trabalhávamos das seis horas da manhã até as quatorze, parando às onze e meia para o almoço, que durava até as doze. Como a seção era longe do restaurante e o número de funcionários que almoçava naquele horário era muito grande, às vezes, passávamos um pouco do horário da volta, coisa que ninguém se preocupava, pois não comprometia em nada nosso trabalho, mas, com o jorjão, a coisa era diferente. Ele não admitia atrasos.

Certa feita, estávamos voltando do restaurante, o Zane e eu. Zane era do tipo que não perdoava nenhum deslize de ninguém, perdia o amigo, mas não perdia a piada. Quando vimos, da entrada da seção, que o Jorjão estava de plantão a observar o cumprimento do horário. Imediatamente olhamos para o relógio e constatamos que estávamos alguns minutos atrasados, uns dois ou três, no máximo. Ao lado do Jorjão estava o gerente, o terrível engenheiro Arnaldo e ele, para mostrar ao superior que tinha o controle da situação pôs-se a apontar o dedo em nossa direção e com a outra mão mostrava o relógio em seu pulso.

O Zane, que gostava muito de uma brincadeira, chamou-me discretamente para que o seguisse. Assim o fiz. Fomos até o novo mestre para saber o que estava acontecendo. Mal chegamos à porta da sala e o Zane perguntou-lhe:

- Que foi jorjão? – Tá vendendo o relógio?

Tive que fazer um grande esforço para não cair na gargalhada. O Jorjão avermelhou na hora, olhou rapidamente para o gerente, que também esboçava um sorriso, e tentou contornar a situação. Falou rispidamente para o meu colega:

- Eu tô querendo é saber se aumentou a refeição!

- Não Jorjão – Respondeu o Zane. Continua o mesmo preço. Disse ele, fingindo-se surpreso com a pergunta do chefe.

- Eu tô falando é do tempo, você sabe muito bem disso. Bradou o chefe, um tanto quanto irritado.

Vendo que seu novo mestre estava se enrolando com o gozador Zane, o gerente que, assistia a cena calado, resolveu intervir.

- Deixe isto pra lá Jorge. Disse ele. Da próxima vez que tiver de perguntar isso a alguém, pense bem o que quer saber, para não passar por outra dessa. E levou o mestre para dentro da sala.

Zane e eu saímos dali rindo a valer e, é claro, tratamos de contar para os outros colegas o que tinha acabado de acontecer com o novo mestre. Assim, eles também poderiam rir do mico do Jorjão.

Pimenta é pra macho

Essa é do Jararaca
(que não era O Cabra)

Jararaca era o apelido de um mecânico que trabalhava ajustando cilindros de laminação, na usinagem pesada da fábrica da Aços Villares. Não sei porque tinha esse apelido, mas era chamado assim por todos na seção e respondia sem nenhum problema, sinal que aceitava a alcunha sem resistência, apenas observava que não era o cabra, em alusão a um personagem de televisão da época.

Homem do tipo sisudo, não era muito dado a brincadeiras, fazia o tipo muito trabalhador. Para ele, toda tarefa devia ser cumprida imediatamente e o mais rápido possível, inclusive almoçar.

Com a mesma presteza que atendia as ordens da chefia, Jararaca sentava-se à mesa, fazia uma oração, era evangélico, e punha-se a devorar o conteúdo do bandejão, não, sem antes servir-se de pimenta e farinha, a não ser, quando o prato do dia não os aceitasse.

Muitos operários levam para os restaurantes das empresas seu próprio molho de pimenta. Na Aços Villares era comum encontrar-se vidros de molho de pimenta nos armários. O Jararaca tinha o seu e gabava-se de que era melhor que o de muita gente. Às vezes, trocava de molho com alguém, com a desculpa de que queria experimentar algo novo, quando no fundo queria mesmo era uma chance de dizer que sua pimenta era mais forte que a do colega.

Inconformado com o fato de a pimenta do Jararaca ser a mais forte de todas, o Marião, como era chamado um torneiro mecânico, muito gozador, que também trabalhava na usinagem pesada, desafiou-o a comer uma pimenta especial, que trouxera da Bahia em sua última viagem de férias. Combinaram que, no dia seguinte, o desafiante traria a tal pimenta e o Jararaca a comeria sem fazer cara feia.

No dia marcado, demos um jeitinho de burlarmos a vigilância do guarda, que controlava a fila de entrada no restaurante, para sentarmos todos próximos. Uma vez sentados, o Marião chamou nossa atenção para o vidro de pimenta que passava às mãos do Jararaca. Era um vidro pequeno, desses em que se compra maionese. Segundo ele, o vidro era pequeno, mas o conteúdo...

O Jararaca disse não ser necessário experimentar antes o sabor do molho, que o outro preparou com sua pimenta baiana. Tomou o vidro de suas mãos e despejou molho de pimenta à vontade sobre a comida. Um senhor, que nem imagino quem seja, o único de outro setor que sentara conosco, ao ver aquilo, perguntou ao Jararaca se não seria melhor colocar um pouquinho e depois, se fosse boa a pimenta, aí sim, colocar mais. Ao ouvir esta observação, o pimenteiro bradou:

- Pimenta é coisa pra macho tio.

- Tá bom. Respondeu o senhor, voltando-se à sua refeição. – Eu só queria ajudar. Concluiu.

- Precisa não tio. - Pode deixar que eu sei o que to fazendo. Disso aqui eu manjo. Retrucou o Jararaca.

Nós, que assistíamos a cena, já estávamos ansiosos pelo desfecho. Mal o Jararaca começou a comer e pudemos perceber em seu olhar que algo não saíra como ele esperava. Seus olhos foram ficando arregalados, seu rosto foi avermelhando e ele, dando sinais de cansaço.

A todo momento alguém lhe pedia para parar com aquilo, mas ele não dava atenção, dizia que era macho e que comeria toda aquela pimenta.

Depois de alguns minutos, com os olhos marejados, já estava praticamente chorando, mas não queria desistir de seu propósito. Até o Marião que o desafiara, ficou preocupado e pediu-lhe para que parasse.

- Eu retiro o desafio, disse ele, mas, por favor, pare com isso.

Chorando, o Jararaca levantou-se e correu para o banheiro. Ficou ali até que terminasse o horário da refeição. Foi o último a voltar para a seção e, quando chegou, foi direto para o banheiro. Alguns minutos depois, parcialmente recuperado, voltou para a seção e pediu desculpas aos colegas mais próximos. Não foi perturbado por nenhum deles aquela tarde, mas no dia seguinte, assim que entrou na seção ouviu alguém gritar e se esconder:

- Vai uma pimentinha ai?

Deixe a véia fora disso

Essa é do Funil

Depois da Aços Villares, trabalhei durante oito anos noutra empresa metalúrgica, a Atlas Copco. Uma empresa sueca, fabricante de compressores de ar, na cidade de Diadema. Lá, também presenciei, ou soube de várias histórias, afinal, peão é peão, onde quer que trabalhe e mico é mico, não importa de qual tipo.

Imagino que todos os leitores saibam o que seja um funil, isto mesmo, aquele objeto que tem uma parte cônica e outra cilíndrica, que usamos para transferir líquidos de um reservatório para outro. Pois bem, imaginem um operário que tenha as pernas muito finas e, ao mesmo tempo, uma grande barriga, acumulada durante trinta e três anos, trabalhando sentado, em frente a uma bancada, rebarbando peças. Bastou que o Mauri, mineiro astuto, olhasse para ele, para que o batizasse com o apelido de funil.

O velho Pereira, possivelmente já falecido, depois de trabalhar muitos anos na mesma função, sem almejar qualquer promoção, aliás, fugindo de qualquer possibilidade de sair de sua cadeira, pois detestava trabalhar em pé, uma vez que sentia fortes dores nas pernas finas, não tinha mais condições de acompanhar as mudanças que, vez por outra, aconteciam na fábrica. Para ele tudo era difícil, refutava qualquer novidade.

Ali, como em tantas outras fábricas, usávamos uniformes fornecidos pela empresa. Por não exigirem a devolução dos conjuntos usados, muitos trabalhadores requisitavam roupas novas, mesmo tendo outras em boas condições e assim, acumulavam vários jogos. Certa feita, mudaram o procedimento para a troca de uniformes de trabalho e determinaram que, para receber uma roupa nova, era preciso devolver a velha.

Sem ter esta informação, uma vez que não tinha o hábito de ler os avisos que eram afixados nos quadros espalhados pela fábrica, o Funil levantou-se de sua cadeira e, lentamente aproximou-se do guichê do almoxarifado, desejoso de pegar um uniforme novo.

Mal se recostara sobre o guichê e ouviu um sonoro grito do almoxarife Zé da Paixão:

- Fala Funil!

Como era de costume, o velho irritou-se e gritou, lembrando uma personagem de um programa humorístico da televisão:

- Funil é a sua mãe! Seu mal educado.

Ele nunca se conformara com o apelido que o Mauri lhe colocara. Toda vez que alguém o chamava assim, bradava altos impropérios. Daquela vez fechou a cara, para demonstrar que estava furioso, e disse entre resmungos:

- Deixe de conversa fiada e me dê uma roupa nova.

O almoxarife sorridente, mesmo vendo a irritação que provocara no velho, respondeu-lhe.

- Posso não Funil. Pra levar uma nova, você tem que trazer a velha.

Como sempre acontecia, o Funil não entendeu a resposta do almoxarife, mas achou que tinha de ser duro com o rapaz e, irritado, bradou:

- Deixe minha mulher fora disso, seu mal criado. Eu vou procurar o Xavantinho (apelido do supervisor) e você vai ver o que é que vai te acontecer. Depois, quando ficar desempregado não vá dizer que a culpa é minha. E saiu dali esbravejando em direção à sala da supervisão, que ficava em outro pavilhão.

O Xavantinho, cujo nome é Paulo, era a única pessoa a quem o Funil ouvia quando estava nervoso. Naquela tarde, conversaram longamente na sala da supervisão. O velho se acalmou, tomou café com os supervisores e, só no final da tarde voltou para seu local de trabalho.

Pobre Funil! Não adiantou muito ter se acalmado naquele dia, pois durante muito tempo, por onde passava era obrigado a ouvir alguém perguntar:

- E ai Funil, já trouxe a véinha pra trocar sua roupa?

- Vá fazer gracinha com a tua mãe. Era o que respondia, mas, por muito tempo, foi preciso que o supervisor o acalmasse, pois, o velho Funil se alterava e desandava a tremer, sempre que mencionavam o ocorrido.

Bico de aço

Essa é do Mané da Carteira

Nas fábricas, como em outros locais de trabalho, onde os trabalhadores ficam expostos ao risco de acidentes, são utilizados vários equipamentos de proteção individual. Um dos equipamentos mais conhecidos por quem frequenta esses lugares é a botina com bico de aço.

De tão familiarizados com as botinas, os trabalhadores a tratam com certa intimidade. Vários a chamam apenas por bico de aço. Frases como: alguém pegou meu bico de aço, ou vou trocar meu bico de aço, são comuns no dia a dia dos trabalhadores.

Na Atlas Copco não era diferente. Usávamos bico de aço em toda a usinagem. Apenas encarregados e supervisores estavam isentos do equipamento, mas o conheciam muito bem, inclusive, porque vários deles já o tinham usado quando trabalhavam nas máquinas.

Toda esta explanação sobre as botinas de segurança foi colocada na abertura deste texto para que os leitores, ou leitoras, possam entender o que se passou na Atlas Copco, no início dos anos noventa, com o Mané da Carteira, um encarregado que só trabalhava à noite e cuja maior ocupação era vigiar os subordinados.

Quem conhece o mundo dos operários sabe bem que é impossível citar um apelido como Mané da Carteira sem explicar como e porque ele foi criado. Pois bem, o Manoel recebeu este apelido porque, numa das noites em que circulava pela seção, notou que havia uma carteira de dinheiro jogada no chão, bem em cima do trilho por onde corria uma ponte rolante. Pensando não ser observado, o encarregado correu até o local, abaixou-se muito rapidamente e tentou pegar a carteira sem ser notado.

Pobre Manoel, a carteira havia sido colada ali exatamente para que alguém tentasse pegá-la e não conseguisse. Ele até tentou mais uma vez, mas logo percebeu que os trabalhadores à sua volta entoaram uma sonora gargalhada. Depois daquela noite, ele passou a ser tratado como o Mané da Carteira.

Certa noite, o Mané da Carteira passou pelo corredor observando atentamente os trabalhadores nas máquinas. Passou duas vezes em cada corredor até que, não se contendo, chamou o líder do grupo, o Português Felismino e perguntou-lhe:

- Português! Está faltando alguém nesta turma?

- Não Seu Manoel – Respondeu o líder – Por quê?

- Porque tem alguém dormindo sentado no banheiro – Respondeu o encarregado - E já faz tempo!

Acontece que, ele não sabia que aquela cena tinha sido armada pelos trabalhadores, exatamente para deixá-lo preocupado e assim, dar um pouco de sossego aos mesmos. Inocente, chamou o português para acompanhá-lo até o banheiro, para verificar quem estava dormindo.

Os dois entraram no banheiro e ficaram sem jeito de interpelar quem dormia, pois havia alguns funcionários lá. Então, entraram, passaram em frente a porta onde, supostamente, havia alguém dormindo e tentaram olhar pelo vão existente entre a porta e o piso.

Um trabalhador apelidado como Juquinha, pois era muito parecido com o humorista Juca Chaves, ao perceber que eles tentavam olhar por baixo da porta perguntou:

- Aconteceu alguma coisa aí Mané?

A pergunta deixou os dois chefes completamente desajeitados. Os dois trataram de sair, mas recomendaram ao Juquinha e aos outros trabalhadores que ficaram no banheiro.

- Não demorem demais aí hein moçada. Ah! – Emendou o encarregado – Avisem o cara que está dormindo também. E foram embora do banheiro, muito contrariados.

Intrigado, o Juquinha foi olhar embaixo da porta e viu um par de bico de aço e uma calça do uniforme arriada sobre os calçados.

- Quem está dormindo naquele banheiro? – Perguntou aos colegas.

- Sei não, disse um peão, que saiu de lá rindo.

O Juquinha tentou olhar mais uma vez, mas foi convencido pelo Joel Cabeção, outro colega, que permaneceu lá, de que não devia incomodar quem fazia suas necessidades. Ele concordou e os dois saíram do banheiro conversando sobre outros problemas.

Ao chegar à seção, o Mané da Carteira, que continuava intrigado, foi até a máquina onde o Juquinha trabalhava e perguntou-lhe:

- Conseguiu saber quem está dormindo no banheiro Juquinha?

- Não Mané, só dá para ver que tem um bico de aço lá dentro e parece que o cara está com dificuldades – Disse ele rindo.

- Seja lá quem for – Disse o encarregado – Vai se ver comigo quando sair.

O tempo passava e ninguém saia do banheiro. O encarregado já estava bastante irritado, mas não se atrevia a entrar lá novamente. Pediu então ao líder português que fosse lá verificar se o cara tinha terminado o "serviço".

Lá se foi o Felismino, a contragosto, pois sabia que, se alguém o visse olhando embaixo da porta, seria repreendido e ficaria muito sem jeito, mas, como era subordinado, tratou de obedecer e entrou no banheiro.

Mal entrou e, percebendo-se sozinho, correu até a porta do banheiro que estava fechada, ajoelhou-se e viu o bico de aço e as calças arriadas sobre ele. Em seguida, levantou-se rapidamente e pôs-se a bater na porta para chamar a atenção do suposto ocupante da privada.

- Quem está aí? – Está passando mal? – Precisa de ajuda?

Ninguém respondeu absolutamente nada. Então, tentou pular para olhar por cima da porta e ver quem era o silencioso usuário, mas sua pouca estatura não lhe permitiu ter sucesso nas tentativas.

Neste momento, entrou no banheiro o Araken, um afiador de ferramentas e membro da comissão de fábrica, que surpreendeu o português pulando.

- O que é isso português? - Tá querendo ver homem pelado? – Perguntou ele.

- O Mané da Carteira mandou acordar esse cara – Faz tempo que ele está dormindo aí dentro.

O português falava e continuava tentando olhar por cima da porta. Como não conseguia, pediu ajuda ao Araken, que se prontificou a levantá-lo até a altura da porta. Estavam os dois assim quando entraram o Paulo Mário e o Cebolinha, dois trabalhadores da usinagem, que correram a ajudar, pensando que tivesse acontecido alguma coisa, mas desistiram quando o português gritou:

- Filho de uma puta.

- Quem? - Perguntou o Araken, que continuava segurando-o.

- Não tem ninguém aqui dentro – Só uma calça e um bico de aço – Algum filho da puta colocou isto aqui para sacanear o Mané da Carteira e eu que me dei mal.

Não é preciso dizer que a gargalhada foi geral. Apenas o Felismino não ria. Puxou a botina e a calça por baixo da porta e saiu do banheiro irritado à procura do encarregado. Ao encontrá-lo, entregou-lhe a calça e o bico de aço e contou-lhe que fizeram papel de bobo diante dos subordinados.

Depois daquele dia, demorou algum tempo, até que o Mané da Carteira encontrasse coragem para voltar a frequentar o banheiro da usinagem e os trabalhadores tiveram um bom período de sossego.

O súbito

Essa é do Jabazão

Operários, em geral, são especialistas em transformar matéria-prima em produto acabado, mas também são capazes de transformar qualquer coisa ou episódio em apelido. Um gesto que alguém faça, algo que fale, ou mesmo seus traços fisionômicos podem render-lhe um apelido que, geralmente, o acompanha enquanto dura sua estada na empresa. Foi assim com o Engenheiro Nelson, que trabalhou na fábrica de compressores da Atlas Copco, na cidade de Diadema, nos idos dos anos noventa, que, só por ter dito que gostava de um bom jabá na chapa, recebeu o apelido de Jabazão.

O Jabazão era um nordestino alto, o que não era muito comum naquela fábrica, pois a maioria dos nordestinos ou dos descendentes destes, que ali trabalhavam, era composta de baixinhos, como este que aqui vos escreve. Mas o Engenheiro Nelson, como ele fazia questão de ser chamado, devia ter por volta de um metro e oitenta e cinco, o que o diferenciava de seus conterrâneos, que sequer chegavam a um metro e setenta.

Quando o Jabazão chegou à fábrica, foi apresentado aos funcionários da ferramentaria, pelo gerente, como sendo o novo supervisor daquele setor. Veio bem vestido, de paletó e gravata, algo inusitado naquele ambiente. Segundo a chefe do departamento de treinamento da época, era a melhor contratação da empresa nos últimos anos.

Algum tempo depois, ficamos sabendo que ele tinha vindo da oficina da CMTC – Companhia Metropolitana de Transporte Coletivo, antiga empresa pública de transporte coletivo da cidade de São Paulo. Fora demitido pela então prefeita Luiza Erundina. Não tinha muita intimidade com as coisas da ferramentaria e, menos ainda, com o ambiente fabril, daí o paletó e a gravata, que foram abolidos rapidamente, embora tenha demorado meses para deixar de ir para o trabalho vestindo traje social.

A falta de intimidade com aquelas coisas todas escancarou-se quando ele, depois de alguns meses de trabalho, em uma tentativa de reunir os subordinados para demonstrar algum conhecimento e organizar as tarefas do dia a dia, brindou um grupo de operários com uma pérola inesquecível.

Para controlar as medidas dos diâmetros internos das peças, ferramenteiros e outros profissionais da usinagem usam um instrumento de medição cujo nome técnico é comparador de diâmetro interno, composto de uma haste comprida, com um apalpador em uma das extremidades e um relógio comparador na outra, mas, para facilitar a vida, os trabalhadores o chamam de súbito. Era assim em todas as fábricas naquela época e todos os profissionais do ramo sabiam disso, menos o Jabazão que protagonizou a seguinte passagem:

Estava o Mário Sérgio, um dos trabalhadores da ferramentaria, subordinado ao Jabazão, em frente à sala de metrologia, em meio a outros colegas, aguardando a entrega de um súbito, que estava sendo montado pelo Arrepiado, inspetor responsável pelo almoxarifado de instrumentos de medição, a seu pedido, quando chegou o Jabazão e chamou-lhe:

- Mário Ségio! Venha comigo, por favor.

- Um momento Engenheiro Nelson, respondeu o subordinado. Estou esperando o súbito.

Foi ai que o Jabazão soltou sua pérola:

- Pode vir comigo, que quando ele chegar, o Arrepiado avisa a ele que você está na reunião da ferramentaria.

A gargalhada foi geral, ou quase. Só o Mário Sérgio e o Jabazão não riram. O primeiro, porque estava diante do chefe e, por uma questão de prudência, pensou na preservação do emprego e o segundo, porque não sabia mesmo o que tinha feito. Anos depois, ainda ríamos muito com esta história.

Era você?

Essa é do Vicentini

Aconteceu na fábrica da Atlas Copco, no início dos anos noventa. A diferença entre esta história e as demais aqui narradas é que, esta aconteceu no escritório, entre um projetista, o João Vicentini, também conhecido como Joãozada, e um técnico de métodos e processos, o Lima.

O Lima chegou ao escritório cabisbaixo naquela manhã, visivelmente angustiado. Cumprimentou a todos sem entusiasmo, ao contrário do que sempre fazia, uma vez que era um fanfarrão. Sentou-se em seu local de trabalho e pôs-se a abrir e fechar as gavetas, como se não encontrasse alguma coisa. Isto chamou a atenção dos colegas, que o olhavam disfarçadamente.

Atento aos movimentos do recém-chegado, o Joãozada, que sempre se preocupava com todas as pessoas que trabalhavam com ele, foi até o Lima e, com ar de preocupação, perguntou-lhe:

- Algum problema companheiro? Posso te ajudar em alguma coisa?

- Obrigado Vicentini, mas acho que ninguém pode me ajudar neste momento. Estou de saco cheio hoje. Desabafou o Lima esboçando uma cara de choro.

- Tem certeza que não há nada que eu possa fazer para te ajudar? – Perguntou solícito. - Às vezes desabafar ajuda um pouco. Continuou. - Se quiser, podemos conversar na sala da Comissão de Fábrica, não tem ninguém lá esta hora.

O Joãozada era secretário da Comissão de Fábrica e sabia dos horários em que a sala era utilizada, mas o Lima descartou a possibilidade de irem para lá e, mesmo insistindo que não havia nada que o Joãozada pudesse fazer, continuou contando seu problema.

- Sabe Vicentini - Começou ele - Eu tive um fim de dia péssimo ontem. Chegando em casa, quebrei o pau com minha mulher, porque ela só quer saber de me pedir dinheiro. Gasta tudo com bobagem. Imagine! Queria dinheiro para comprar uma caixa de jóias com uma bailarina em cima, só porque a bailarina era loira e parecida com ela.

- Calma camarada, mulher é assim mesmo, gosta de coisas bonitinhas, deixe a companheira ser feliz, não vai te custar tanto assim, vai? – Perguntou o Joãozada, tentando acalmar o colega.

- O Problema não é o preço, é que todo dia ela quer comprar alguma coisa. Eu não aguentei a raiva e, para não meter a mão na cara dela, sai por ai. Andei meio sem rumo até chagar a um cinema. Sabe? Aquele, ali do Rudge Ramos, que passa filme pornográfico.

- Sei sim, mas lá não é ambiente para um homem como você, casado, pai de família. Respondeu Vicentini.

Nesta altura, vários colegas tinham se aproximado dos dois e prestavam atenção à conversa deles. Permaneciam em silêncio, para não perder nenhum detalhe. Pode parecer estranho, mas no ambiente de trabalho acontece muito isso. As pessoas vão chegando e entrando na conversa dos outros sem cerimônias.

Então, continuou o Lima. Entrei no cinema e, mal o filme começou, um cara sentou-se na fila em que eu estava, umas quatro ou cinco cadeiras distante. Eu estava tão invocado que nem prestei atenção nele. Continuei absorto em meus pensamentos.

Conforme o filme foi se tornando mais picante, não é que o danado sentou-se na poltrona do meu lado e começou a me alisar. Chegou, inclusive a me tocar nas partes íntimas.

- E você? O que fez? Inquiriu o Joãozada, num misto de indignação e curiosidade.

- Eu deixei ele se divertir, respondeu o Lima, melhor do que ficar ali remoendo pensamentos desagradáveis. Ele brincou comigo até eu explodir em gozo, depois, colocou alguma coisa em meu bolso, me deu um tapinha no ombro e saiu sem dizer nada.

- E você não fez nada? O que é isso companheiro? - Também não era pra tanto. Retrucou o atento ouvinte.

- Pois é, eu estava muito invocado mesmo, mas quando sai do cinema, coloquei a mão no bolso e percebi que ele tinha deixado lá uma nota. Sabe de quanto era?

- Cinquenta paus - Respondeu de pronto o Joãozada.

- Era você Joãozada? - Perguntou o Lima, ao mesmo tempo em que soltava uma grande gargalhada.

Todos à volta deles se desmancharam em risos, menos o Vicentini. Este ficara extremamente irritado com a brincadeira do colega.

Pobre Joãozada! Depois daquele dia, por onde passava era obrigado a ouvir alguém perguntando se ainda estava distribuindo notas de cinquenta paus. Esta até hoje ele comenta.

Bicho para comer Taturana

Essa é do Taturana

Há quem diga que peão é peão em qualquer lugar em que se encontre e seu comportamento, será sempre o mesmo, independente da situação. Eu discordo parcialmente deste pensamento, mas meu amigo Taturana deu motivo para que muita gente pensasse assim, ao menos com relação a ele.

O Taturana era ecologista, muito antes deste nome tornar-se uma mania nacional. Antes até da existência do Partido Verde. Ele vivia acampando e quando voltava das férias ou de algum feriado prolongado, sempre reclamava do descaso dos seres humanos para com a Mãe Natureza.

De tanto reclamar, foi convidado a participar de um movimento em defesa da ecologia na cidade de Diadema, onde morava. Começou a frequentar reuniões e sempre trazia um ou outro cartaz para colocar no quadro de avisos da seção em que trabalhava, a caldeiraria da Atlas Copco. E por vezes, promovia rodas de conversa, nos corredores da fábrica, onde o assunto era sempre a preservação do planeta. Certa feita, em uma destas rodas, alguém, que, infelizmente não me recordo quem, contou a todos um feito do Taturana digno de uma boa gargalhada.

Contou a pessoa que nosso amigo estava participando de uma reunião do Conselho de Defesa do Meio Ambiente da cidade e que não estava lá muito atento ao assunto em discussão. Em dado momento da reunião, um expositor, fazendo um discurso acalorado, dizia-se preocupado com a proliferação de taturanas nas praças da cidade, perguntou se alguém tinha sugestão de como conter aquela praga, ao que uma senhora respondeu no mais autêntico sotaque nordestino: "É só arrumar um bicho pra comer taturana".

Sem saber exatamente o que estava sendo discutido, ao ouvir apenas a última frase da mulher, o Taturana bradou irado:

- Ninguém vai comer ninguém aqui não. O que é isto? Onde é que nós estamos?

Segundo o narrador da história, fez-se um silêncio mortal, ninguém disse palavra, deixando claro que o nosso amigo Taturana tinha dado um fora colossal.

O grupo que ouvia o relato riu a valer, apenas o Taturana tentava, em vão, explicar o que havia acontecido na tal reunião, mas ninguém quis saber de sua explicação. O que importava naquele momento era que ele tinha "pisado na bola" e, portanto, estaria na berlinda por alguns dias, pelo menos.

Nestas situações quanto mais explicações se tenta dar, mais aumenta a gozação e o Taturana teve que ouvir muita gente lhe perguntando se já tinham arrumado algum bicho para comer taturana em Diadema. Demorou para que ele admitisse seu fora, mas, bastou fazê-lo, para que deixasse de ser zombado por todos.

Neutralidade axiológica

*Essa é do Bertola
e do Nelsão também*

Embora a expressão neutralidade axiológica seja mais comum em textos filosóficos ou sociológicos, que discutem se o conhecimento é ou não neutro, ou ainda se o cientista produz conhecimento desinteressado, sendo capaz de não influenciar o resultado de suas pesquisas, esta expressão foi muito discutida por vários operários na fábrica da Atlas Copco, por ocasião da mudança da mesma para a cidade de Barueri.

Nesta época, dois dos representantes dos trabalhadores na Comissão de Fábrica eram estudantes de Ciências Sociais, o Nelsão e eu. Nosso representante no sindicato da categoria era estudante de ciências econômicas logo, para nós, esta expressão era conhecida e assim, foi usada em uma reunião com representantes da empresa e o resultado foi no mínimo curioso.

A empresa havia chamado a comissão de representantes dos trabalhadores para uma reunião onde conheceram um psicólogo, que faria um trabalho junto aos funcionários que seriam demitidos, ajudando-os a compreender a situação e a conformar-se com a demissão.

Reconhecidamente uma comissão capaz de defender os trabalhadores, a comissão de fábrica foi contra o tipo de trabalho proposto pelo psicólogo. Durante a reunião este teria dito que faria ali um trabalho neutro, que não estava lá para defender os interesses de nenhuma das partes, ao que foi advertido por um dos futuros cientistas sociais de que não seria possível, naquela situação, a neutralidade axiológica, posto que o mesmo fora contratado pela empresa e deveria apresentar um resultado interessante para ela.

O gerente de recursos humanos, advogado renomado, a quem os trabalhadores chamavam Bertola, pois seu nome era Humberto interrompeu imediatamente a reunião. Chamou ao escritório o coordenador da comissão de fábrica, dizendo que precisavam conversar um pouco melhor sobre tudo aquilo e sem fazer cerimônia perguntou ao representante dos trabalhadores:

- Que diabo é neutralidade axiológica?

Quando soube que se tratava do fato de o cientista em questão não influenciar o resultado do trabalho com seus valores, o gerente considerou isto um absurdo. Dispensou arbitrariamente o psicólogo. Afinal, dizia ele, onde já se viu alguém dizer que fará o trabalho sem defender os interesses da companhia.

Com este contratempo os trabalhadores ganharam mais algumas semanas, antes de serem dispensados. Os que ficaram sabendo, se divertiram, diziam uns aos outros:

- Bendita neutralidade axiológica.

Trinta mil

Essa é do Zé Capeta

Peão de verdade comete lá seus micos, mas quando sabe que um gerente ou diretor da empresa em que trabalha deu uma mancada, ele não perdoa, faz questão de contar para tantos colegas quanto consiga. Quanto mais gente fica sabendo, mais ele ri. Assim, não poderia deixar de contar algumas que me recordo dos deslizes dos superiores.

Na fábrica da Atlas Copco, em Diadema, fui, durante três anos, coordenador da comissão de fábrica e por este motivo, participei de muitas reuniões com os diretores da empresa. Geralmente nos reuníamos na sala do gerente de recursos humanos, o Bertola, mas, vez por outra, a reunião acontecia na sala do diretor industrial, o Zé Capeta, geralmente quando se tratava de algum assunto mais delicado.

No início das reuniões, como se fosse combinado, acontecia uma conversa informal, uma espécie de quebra-gelo, onde todos eram amáveis, gentis e educados. Falávamos sobre as notícias da semana, divulgadas pela grande imprensa, comentávamos a atuação do sindicato em outras negociações, falávamos de futebol, economia e assuntos gerais.

Durante o ano de um mil novecentos e noventa e três, tivemos um grande número de reuniões para discutirmos a mudança da fábrica para a cidade de Barueri. Foi um momento muito delicado, assim, nos reunimos várias vezes na sala do diretor, ele fazia questão de participar de todas as reuniões sobre aquele assunto. Em uma delas, brindou-nos com sua pérola.

Estávamos na conversa quebra-gelo quando o Bertola abriu lentamente uma pasta preta, por sinal muito bonita, e tirou de dentro dela uma revista cujo título era "Casa e Jardim". Começou falando que achava incrível como os ricos ostentavam o que tinham, construindo casas maravilhosas, com jardins enormes e garagens cheias de carros importados (vivíamos a febre dos carros importados provocada pela abertura da economia, do Governo Collor).

Em seguida, mostrou-nos uma casa relativamente simples, construída em meio a umas rochas e árvores, com telhas de vidro transparente e armação de madeira rústica no telhado, compondo uma paisagem muito bela. Em uma das fotos, aparecia a sala de estar, com uma lareira ao fundo e uma janela com vista para o mar. Noutra foto aparecia a fachada da casa que era realmente simples, parede feita de madeira envernizada e vidros, um telhado simples, de telhas de barro e uma calçada feita de pedras.

Depois de mostrar a bela casa a todos os presentes, perguntou a cada um de nós o que achávamos dela. Fomos unânimes em dizer que se tratava de uma bela casa e isto o deixou visivelmente feliz, pois, como disse em seguida, era a casa de praia de sua filha, construída para a família passar férias em uma cidade de veraneio.

Ao elogiar a casa da filha do colega, o diretor Zé Capeta, um tanto irônico disse com um sorriso:

- A coisa está boa lá, hein meu caro?

- Nem tanto Zé - respondeu o Bertola. – Quanto você acha que gastaram para construir esta casa?

O Zé Capeta fez uma cara de intelectual refletindo, pensou um pouco e, com uma expressão característica de quem está muito seguro do que vai falar, disse com sua voz rouca:

- Uns trinta mil dólares.

- Você tá louco? - Retrucou o Bertola. – Não tem luxo nenhum ai, só umas madeirinhas e uns vidros bonitos. Esta casa custou apenas seis mil dólares.

Acostumado a ser soberano em tudo o que falava, o diretor ficou visivelmente irritado, sua expressão mudou bruscamente, sua face se ruborizou um pouco e o bigode tremeu, sinal que o homem realmente se irritara. Imediatamente ordenou ao Bertola que iniciasse a reunião, pois já havíamos perdido tempo demais com aquela conversa.

Aquela foi uma reunião rápida. O diretor queria sair logo dali e nós também. Ele, porque não gostara nem um pouquinho do fora que dera e nós, porque queríamos rir de sua mancada e contar para a peãozada que o Zé Capeta tinha pisado na bola.

Não tomamos nenhuma decisão. Aquela foi, como diriam os militantes do movimento sindical, uma reunião para marcar reunião. Marcamos uma nova data e nos retiramos da sala rindo muito.

Aquele fato, apesar de não ter grande significado, rendeu ao diretor o apelido de Trinta mil. Depois daquela reunião, sempre que alguém ia se referir a ele dizia O Trinta Mil tá na área.

O que é que eu tô fazendo aqui?

Essa é mais uma do Trinta Mil

O ano de mil novecentos e noventa e três foi, sem dúvida alguma, o ano mais difícil para a comissão de representantes dos trabalhadores na Atlas Copco. Foi o ano de preparação da mudança da fábrica para Barueri, com centenas de demissões, que precisaram ser negociadas com a Comissão de Fábrica e o sindicato da categoria.

Aquele foi um ano de muitas reuniões, horas e horas de negociação, com desgastes para ambos os lados. Trabalhadores e empresa tiveram que ceder inúmeras vezes, foram muitas as idas e vindas, causando transtornos para centenas de operários e seus familiares, bem como, para os diretores e gerentes da empresa que, pressionados pela matriz da companhia, sediada na Suécia, precisavam "enxugar" a fábrica e, pressionados pelo Sindicato dos Metalúrgicos do ABC que, por sua vez, era pressionado pelo conjunto dos trabalhadores, como costumavam dizer, não podiam simplesmente demitir operários sem alguma compensação. Assim, estava posto o dilema.

Algumas reuniões desta série foram extremamente tensas, em uma delas o gerente de RH, o Bertola, ameaçou retirar-se da sala, furioso com o nosso colega Aleto, diretor do sindicato que, naquela reunião, representava o presidente da entidade, pois este recusou-se a revelar uma fonte de informações que tínhamos no escritório, alguém que nos revelava alguns planos da empresa.

Noutra reunião, apresentadas uma série de reivindicações pelos representantes dos trabalhadores e uma série de entraves pelos representantes da empresa, ficamos muito tempo sem que ninguém dissesse palavra alguma, era como se ficássemos nos estudando. Isto sempre acontecia quando estávamos diante de algum impasse nas negociações.

Depois de um desses momentos de silêncio absoluto, em que ficamos refletindo sobre o tamanho do pacote de benefícios a ser pago aos demitidos, o Bertola conseguiu elaborar uma proposta que incluía alguns meses de assistência médica garantida aos demitidos e familiares, além de um valor em dinheiro que, acreditava, pudesse ser aceito pelos trabalhadores. Expôs sua ideia e pediu a opinião dos demais presentes: comissão de fábrica, representantes do sindicato e, finalmente do Trinta Mil, pois já era assim que chamávamos o diretor Zé Capeta.

O Trinta Mil estava muito distante daquela sala quando foi inquirido pelo Bertola. Absorto em seus pensamentos, não respondeu ao questionamento, ficou estático até que o outro o chacoalhou pelo ombro e trouxe-o de volta à realidade.

- Ah! – Que foi? Perguntou ele.

- Eu quero saber o que você acha. Disse o gerente.

- Eu, eu não acho nada. Disse o diretor, deixando transparecer toda sua irritação. Sabe em que eu estava pensando? - Perguntou o homem, cada vez mais irritado.

Como ninguém ousou responder, ele continuou:

- Eu estava pensando era: o que é que eu tô fazendo aqui? Eu poderia estar em um bom restaurante, tomando um bom uísque, mas estou aqui, preso em uma reunião que não está resolvendo nada. Por quê? – Por quê?

Como sempre acontecia, quando algum participante da reunião se descontrolava, a reunião foi suspensa. Afinal, já eram mais de vinte horas e nós havíamos entrado para a reunião às quatorze. Não era sem motivo a irritação do Trinta Mil. Nós, representantes dos trabalhadores, também já estávamos exaustos, mas nos esforçávamos muito para não demonstrar.

A reunião foi suspensa, devendo ser retomada no dia seguinte. Saímos da sala do Trinta Mil e nos dirigimos para a sala da comissão de fábrica. No meio do caminho o Nelsão, representante dos mensalistas e secretário da comissão, foi repetindo com uma voz bem grossa:

- O que é que eu tô fazendo aqui? E ele mesmo respondia:

- Eu podia estar sentado em um bom restaurante, ao que nós emendávamos:

- Tomando um bom uísque.

Fazíamos a imitação e ríamos a valer. Aos poucos, foi virando uma mania dentro da fábrica, sempre que alguém estava aborrecido perguntava:

- O que é que eu tô fazendo aqui?

Fala Mikail

Essa é do Albertino

Na segunda metade da década de oitenta do século XX a extinta União Soviética viveu um período de reestruturação econômica chamado Perestroika, posto em prática pelo governo do presidente Mikhail Gorbachev, um gordinho simpático, quase careca, com uma mecha de cabelos no alto da testa, que ficou famoso, mais pelo nome do plano econômico e pelo seu próprio, que pelo resultado de seu governo.

Como o presidente soviético tinha pouco cabelo e se tornara o careca mais famoso da época, todos os carecas começaram a ser chamados de Mikhail, mas em bom português, dizia-se e escrevia-se Micaiu. Por todos os lados encontrava-se alguém com o apelido de Micaiu. Na Atlas, tinha o Albertini, um senhor de aproximadamente sessenta anos de idade, calvo, muito alegre e comunicativo que trabalhava na ferramentaria. Era plainador, profissão, já na época, em extinção. Experiente, ele aceitou com tranquilidade o apelido, mesmo porque, se assim não fosse, seria alvo de zombaria por parte dos colegas.

O Micaiu da Atlas tinha a mania de brincar com todas as pessoas, mesmo aquelas que acabava de conhecer. Nunca soube de alguém que tivesse tido problemas com ele por causa de alguma brincadeira. Ele tinha fama de esperto, por toda a fábrica corria o comentário de que era o campeão das brincadeiras e gozações, dizia-se que ninguém jamais pegara o Micaiu. Havia quem dizia que ele era imune às pegadinhas.

Nada melhor que o tempo para mostrar quem tem razão, em qualquer situação. E o tempo se encarregou de mostrar que a imunidade do Micaiu era pura ficção. Um dia, aliás, uma bela tarde de verão, quando nos preparávamos para deixar a fábrica, no final de mais um dia de trabalho, ele deixou-se trair pelo ego inflado e, pensando estar respondendo à altura uma brincadeira que lhe fizeram, brindou-nos com sua pérola.

Faltando poucos minutos para o horário da saída. Uma pequena fila se formava na portaria. Ali, havia três relógios de ponto. Operários da fábrica misturavam-se às belas moças do escritório e a outros mensalistas que, embora deixassem claro não gostar muito, marcavam o ponto da mesma forma que os peões, pelo menos ali as condições eram iguais para todos, ou quase.

O Micaiu sempre corria para se colocar bem na frente da fila, em meio às mocinhas do escritório, com quem conversava alegremente, fazendo-as rir bastante de suas piadinhas. Era comum vê-lo cercado por elas, comentando os micos que os peões pagavam dentro da fábrica. Elas gostavam, diziam que o velhote era engraçado e mais simpático que muitos colegas com os quais passavam o dia todo.

Em um desses momentos de estrelato do Micaiu, o Mauri, que também não perdia a oportunidade de provocar alguém, passou ao lado da fila onde ele devia estar contando mais uma piadinha e gritou:

- Fala Micaiu!

- Micaiu o "cacete" respondeu o Albertino rapidamente, certo de estar fazendo bonito para as garotas, porém, uma delas, que devia estar aprendendo com ele mesmo, emendou:

- Eh tio! - Coitada da veinha hein! - Logo isso foi cair.

- Ah eh burro! - Gritaram alguns operários que aguardavam ao lado deles.

O Velho ficou vermelho, calou-se por alguns segundos, depois, tudo o que conseguiu balbuciar foi que ninguém é de ferro. Um dia da caça, outro do caçador disse ele. Depois daquele dia, nunca mais tentou dar o troco a quem o chamava de Micaiu. Voltou a aceitar tranquilamente o apelido e a responder sem nenhuma gracinha quando o cumprimentavam.

Proibido peidar

Essa é do Nelsão
(ou seria da Smurfete?)

Nas empresas, em geral, ao menos nas treze por onde passei, trabalhadores da fábrica e trabalhadores do escritório têm comportamentos relativamente diferentes. Como consequência do ambiente em que trabalham ou das pessoas com as quais se relacionam no dia a dia, adotam posturas diferenciadas. Enquanto aos operários é possível um comportamento mais liberal, pois trabalham em meio a peças, lubrificantes e um certo ruído, que em alguns casos chega a ser prejudicial à saúde, aos mensalistas do escritório, é exigido um comportamento mais comedido. Como eles recebem clientes e fornecedores, convivem diretamente com gerentes, secretárias e diretores, é prudente certo recato.

No departamento de engenharia da Atlas Copco, em Diadema, trabalhava o Nelsão, também conhecido como Cabra, um grande amigo, cuja amizade extrapolou os muros da fábrica e tornou-se grande, a ponto de sermos padrinhos e afilhados de casamento, mutuamente. Deixo aqui uma homenagem a este grande companheiro. Um mineiro que adora contar piada de baiano, mas que também se diverte quando os baianos contam piadas de mineiros.

Pois bem, o Nelsão era projetista elétrico. Formado em tecnologia em eletromecânica, trabalhava no departamento de engenharia, projetando painéis de comando e outros componentes elétricos. Esperava-se que o mesmo se comportasse como os outros engenheiros e projetistas que ali trabalhavam. Constantemente, recebiam clientes e fornecedores logo, precisavam estar adequadamente vestidos e recebê-los bem. Não que o mineiro fosse mal educado, mas tinha lá suas particularidades.

Meu grande amigo, embora fosse um tecnólogo, confundia-se facilmente com qualquer operário quando circulava pela fábrica, diferenciando-se apenas pela vestimenta, pois não usava uniforme. Era um verdadeiro peão, ria muito alto, gesticulava bastante ao falar, usava roupas simples e estava sempre de bem com a vida. Já no escritório, o Cabra, como era chamado pelos operários, era muito diferente dos colegas.

Uma das queixas contra o tecnólogo peão residia no fato de que seu comportamento não era adequado à sua função. Afinal, dava medo mandá-lo visitar um cliente, por exemplo, dizia a secretária do departamento, a Smurfete, cujo apelido tinha origem na personagem do filme Os Smurfs, por ser baixinha ante seus colegas. Acontece que o Cabra, não sei se fazia por ter algum problema intestinal, ou se o fazia por provocação, tinha a mania de flatular em público, contava ela.

Vez por outra, a Smurfete pedia aos colegas que conversassem com o Nelsão e pedissem a ele para ser mais discreto e ir ao banheiro quando quisesse livrar-se dos gases, mas o mineiro nem ligava, onde estivesse, era ali mesmo que se aliviava, não se incomodando com o desconforto que causava às narinas alheias.

Como os pedidos da Smurfete nunca foram atendidos pelo Cabra, ela recorreu ao chefe e pediu-lhe que tomasse providências, pois a mania do mineiro deixava-a constrangida, principalmente quando tinha algum visitante na sala.

Meio sem saber exatamente como deveria proceder, o chefe reuniu toda a equipe do setor e começou uma explanação sobre a importância dos cuidados com a higiene pessoal no local de trabalho, falou sobre o uso do banheiro e, enquanto tentava chegar ao ponto, o Cabra soltou seus gases bem no meio da reunião. Os mais recatados mantiveram-se em silêncio, aguentaram firmes, como sempre faziam, os mais liberais, riram e olharam para o autor da indelicadeza que fingia nada perceber.

Sentindo-se desrespeitado, o chefe irritou-se, chamou a atenção do Cabra diante dos colegas e disse que estava certo de que uma cena como aquela não mais se repetiria naquele departamento, pois se alguém voltasse a ter um comportamento como aquele, teria de acertar as contas com ele. Encerrou a reunião sem dizer exatamente o que aconteceria com os infratores.

Na manhã seguinte ao dia da reunião, alguns projetistas, amigos do Nelsão, entraram mais cedo para trabalhar e prepararam a vingança do Cabra. Quando os outros colegas do departamento chegaram foram surpreendidos ao encontrar, em suas pranchetas, um desenho colado, no canto superior esquerdo. Tratava-se de um homem de costas, com uma nuvenzinha saindo-lhe das calças e espalhando-se pelo ar, circunscrito em um círculo vermelho, cortado por uma barra, como nas placas de trânsito proibido. Em baixo do desenho uma frase em vermelho dizia: é proibido peidar.

É certo que o Nelsão precisava mudar seus modos, mas o efeito da reunião foi o contrário, aqueles que se solidarizaram com o colega advertido, puseram-se a fazer o mesmo que ele, poluindo ainda mais o nariz da Smurfete.

Aí burra!

Essa é do Pastel
(e da Inês também)

Em algumas empresas, existe um setor, dentro do departamento de Recursos Humanos, que cuida do bem estar dos funcionários, o setor de benefícios. É claro que o objetivo deste setor é dar condições para que o trabalhador não precise ficar saindo da empresa para resolver problemas pessoais ou familiares, como ficar na fila da previdência ou da saúde pública, deixando de produzir e gerar lucros para a mesma.

Normalmente este setor fica a cargo de assistentes sociais ou psicólogas e, em geral, estas profissionais conhecem com certa profundidade o comportamento dos funcionários, principalmente aqueles mais problemáticos, pois estes, geralmente, trazem suas atribulações para o local de trabalho, e isto faz com que se tornem mais próximos das pessoas que lhes ajudam a resolvê-las. Nas empresas em que trabalhei, onde havia setor de benefícios, as profissionais dali eram sempre muito queridas por todos os funcionários, com raras exceções.

Na Atlas Copco, o setor de benefícios ficava sob a responsabilidade de uma assistente social, a Inês, uma mulher de estatura mediana, ruiva, um tanto sardenta e muito simpática. Não havia ali quem não falasse muito bem dela, mesmo os militantes mais radicais, que sempre olhavam com desconfiança qualquer iniciativa da empresa, reconheciam nela uma grande pessoa e uma funcionária muito competente.

Naquela empresa, horistas e mensalistas dividiam o mesmo restaurante. Até os supervisores utilizavam o mesmo salão, tendo apenas uma divisão, onde eram servidos por garçons, o que não acontecia com os demais, que pegavam a comida em um balcão, utilizando para isto o conhecido bandejão.

No restaurante, sempre que alguém cometia algum deslize, como deixar cair um talher ou derrubar o café, por exemplo, o grupo de operários que almoçava fazia muito barulho, todos riam e faziam piadinhas, mas, em geral, gritavam apenas a frase "Aí burro!", que repetiam algumas vezes, até que fossem se acalmando e deixassem de perturbar o autor do deslize. Isto valia também para os mensalistas, motivo pelo qual tomavam muito cuidado, pois com alguns deles a gozação era sempre maior.

Certa feita, almoçávamos tranquilamente, quando entrou no restaurante um grupo de mensalistas e, entre eles, a Inês. Chegaram rindo muito, como se tivessem ouvido alguma piada, ou tivessem presenciado algo hilário. Aos poucos foram servindo-se no balcão, sempre rindo e comentando algo que, pela distância, não conseguíamos ouvir.

Uma vez todos servidos, começaram a saborear a comida que, por sinal, estava muito boa naquele dia. De repente, ouvimos um barulho muito conhecido de todos os frequentadores do restaurante. Alguém deixara cair um talher e, fazer isto diante daqueles peões, era imperdoável. Levava uma grande vaia.

Porém, quem deixou cair o talher foi a Inês e, como era amiga de todos, em respeito à dedicação com que atendia a cada um deles, ficaram em silêncio, apenas o Pastel, um dos funcionários mais problemáticos, daqueles que estavam sempre precisando da atenção e dos serviços prestados pela Inês, recém chegado ao restaurante, pois passara antes na barraquinha da Edna para "alterar o metabolismo", como era conhecido o ato de tomar um aperitivo, entre os militantes sindicalistas da Atlas Copco, acreditando que todos fossem gritar, gritou, o mais alto que pode:

- Aí burra! Aí burra!

Pobre Pastel, ninguém fez coro com ele. Todos permaneceram calados em respeito à moça que, enrubescida continuava a conversar com seus pares, porém, visivelmente constrangida. Quem levou uma salva de vaias foi o Pastel, para ele é que a maioria das pessoas ali presentes se pôs a gritar:

- Aí burro! Aí burro!

Nem mesmo o fato de o Pastel ter pedido desculpas para a moça aliviou sua situação, aliás, piorou, ao vê-lo pedindo desculpas, os que não sabiam do ocorrido, ficaram sabendo e aí, por muitos dias seguidos ele teve que aguentar a gozação dos colegas. Por onde passava, tinha sempre alguém que gritava:

- Aí burro! Aí burro!

Mostrando serviço

Essa é do Xavantino

Há alguns anos, antes da febre da reestruturação produtiva, era comum nas empresas metalúrgicas uma grande quantidade de chefes. Na maioria delas, existiam cargos de líderes, encarregados, supervisores, mestres, contramestres, noutras feitores, chefe geral e até subgerentes, obedecendo a uma hierarquia militarizada.

Embora sendo todos membros da chefia, era bastante comum, principalmente nas grandes corporações, que os ocupantes dos cargos dos últimos escalões não conhecessem os acionistas da empresa e os ocupantes de cargo no primeiro escalão, alguns diretores sequer têm contato com eles. No caso das multinacionais, o distanciamento era ainda maior quando estas pessoas viviam em outros países e raramente visitavam as fábricas.

A Atlas Copco é uma companhia sueca. Seus proprietários eram membros da família real daquele país e, mesmo ocupando cargos na direção da empresa, nem todos vinham ao país tropical, abençoado por Deus. A não ser em ocasiões muito especiais, nunca estavam por aqui. Assim, a chefia intermediária, onde estavam encarregados e supervisores não conheciam estes diretores.

Por volta de mil novecentos e noventa e um, no apogeu da abertura econômica promovida pelo Governo Collor, passou por aqui o presidente do grupo. Houve prepa-ração para a visita, máquinas foram limpas, trabalhadores foram orientados sobre como deveriam se comportar diante do nobre visitante. Foram proibidas as rodinhas de conversa, o cafezinho fora de hora e qualquer tipo de interrupção da produção que fosse desnecessária.

O Xavantinho, supervisor da usinagem, embora já tivesse ido até à matriz do grupo, na Suécia, não lembrava mais da fisionomia do homem, como a peãozada dizia. Era um dos mais preocupados, a todo momento ficava lembrando os subordinados de como deveriam se portar.

Ninguém sabia exatamente quando se daria a passagem do presidente pela fábrica, isto, somente seria divulgado na manhã do próprio dia da visita, o que gerou uma ansiedade coletiva e, quando isto acontece, dentro de uma fábrica, ninguém consegue controlar os operários, a toda hora tem alguém discutindo o assunto. Foi assim na Atlas.

Mesmo diante da proibição das rodinhas, os trabalhadores formavam pequenos grupos, nos corredores das seções e ficavam especulando sobre o dia da visita, situação que deixava atônitos os líderes e encarregados, pois estes recebiam da supervisão a missão de acabar com os grupinhos.

Quando, finalmente, chegou a informação de que aquele seria o dia da visita, o alvoroço aumentou ainda mais, não se falava em outra coisa. No corredor da usinagem, uns dois ou três operários conversando era uma constante. Um encarregado ou líder espalhando a roda também.

Já estava chegando a hora da passagem do homem pelo corredor central da fábrica quando, o Fofão, ajudante da usinagem parou com seu carrinho hidráulico ao lado da máquina do Joel Cabeção, um pernambucano que adorava uma boa conversa e perguntou-lhe se o visitante já havia passado.

Antes que obtivesse a resposta, foi abraçado pelo Oscar, outro colega chegado em um bom papo. Ficaram por alguns minutos reunidos no corredor, até que o supervisor Xavantinho percebeu e correu até eles. Lá chegando, pôs-se a orientá-los sobre a importância desta visita para o futuro da empresa. Enquanto falava, desligou-se de seu objetivo e acabou prolongando a conversa.

Quando o presidente da companhia entrou pela porta da seção, acompanhado do diretor industrial, do gerente de Recursos humanos e do gerente de produção, o pequeno grupo estava reunido bem à frente deles. Desesperado, o supervisor arrancou o controle do carrinho das mãos do Fofão, ordenou que todos fossem trabalhar e saiu em disparada empurrando o carrinho, como se fosse ele o responsável pela entrega das peças.

Os três subordinados, sem entender muito bem o que acontecera ali, permaneceram onde estavam e, quando a comitiva passou, foram cumprimentados, inclusive pelo presidente, que os saudou com um "good morning" que o Fofão nunca esqueceu.

O supervisor, assustado, entregou as peças a um funcionário que deveria montá-las e voltou para o corredor a tempo de cumprimentar a comitiva, mas ficou constrangido, pois não podia pegar na mão do presidente porque sujara a sua empurrando o carrinho de peças.

Ninguém zombou dele publicamente, mas, na "Rádio Peão", boca a boca que corre solto dentro da fábrica, ele foi a bola da vez e muita gente riu a valer do caso do carrinho roubado.

No céu tem comida?

Essa é do Vicentinho

Os trabalhadores da Atlas Copco, desde o início dos anos oitenta, tinham um excelente relacionamento com o sindicato da categoria, o dos Metalúrgicos do ABC, participavam de todas as manifestações convocadas pela diretoria e eram muito organizados dentro da fábrica. Assim, mobilizavam-se com facilidade sempre que tinham alguma reivindicação a fazer. O sindicato, por sua vez, se fazia presente em todas as ocasiões que os trabalhadores precisavam, muitas delas, com a presença do presidente da entidade, embora fosse uma empresa pequena.

Estávamos em período de campanha salarial, a luta era por reposição de perdas e aumento real, porém o cenário estava péssimo para negociações. A situação econômica do país estava indefinida. O último plano econômico já dava sinais de ineficiência, ministros já haviam caído e a empresa, receosa, endureceu o jogo. Não tivemos outra saída, senão a greve.

Decretada a greve, iniciamos uma fase de reuniões com a empresa e o sindicato, tentando elaborar uma proposta de reajuste salarial que contemplasse as expectativas dos trabalhadores e que não fosse considerada prejudicial para a companhia, mas as dificuldades eram muitas.

A ansiedade era geral. Depois de cada reunião de negociação, chamávamos os trabalhadores para o pátio da empresa e fazíamos uma assembleia. Isto se repetiu muitas vezes até que, esgotadas as possibilidades, tínhamos em mãos uma proposta que, se não satisfazia os nossos interesses, também não nos prejudicava demasiadamente e era considerada aceitável pela direção da companhia.

Com este pensamento, convocamos uma assembleia para que os trabalhadores avaliassem a proposta e a aprovassem, pois, caso contrário, sindicato e comissão de fábrica ficariam em uma situação delicada, porque já não tinham mais o que negociar, a empresa já estava irredutível, atingira o limite do suportável, segundo o gerente de RH.

Na hora marcada, caminhão de som estacionado em frente à portaria, trabalhadores ansiosos e sindicalistas preocupados. Este era o cenário para a assembleia que decidiria pela aceitação ou não da proposta que deveria por fim à greve. Com muito cuidado para não atropelar os acontecimentos, o coordenador da Comissão de Fábrica iniciou a assembleia apresentando os diretores do sindicato. Alguns fizeram uso da palavra para relembrar a todos o que acontecera ali, nos últimos dias e, depois, passaram a palavra ao então presidente da entidade, Vicentinho, hoje um grande deputado federal pelo Partido dos Trabalhadores.

Eloquente, ele que fazia uso da palavra como poucos, iniciou seu discurso dizendo:

– Bom dia companheiros e companheiras, é importante cumprimentar também as mulheres, viu gente! – Disse ele. – Pois elas, além de muito belas, são muito importantes dentro da empresa e fora dela também.

Foi simpático, e aí já pode contar com a atenção de um grupo dentro da assembleia. Foi aplaudido por um grupo de mulheres. Agradeceu e, sorrindo, retomou seu discurso.

Continuando, disse que, no caminho entre o sindicato e a fábrica, lembrara-se de uma história ocorrida em sua última viagem à sua terra natal e pediu licença para contá-la, ao que, todos os presentes assentiram. Então, começou ele:

- Sabe gente, o mês passado eu saí de férias, pois já estava muito cansado, fazia quase três anos que eu estava trabalhando sem descansar. Aí, eu fui para Acari, no Rio Grande do Norte. Não é aquele Acari do Rio de Janeiro não, viu?

Em seguida, interrompeu sua narrativa para perguntar ao público:

- Vocês sabem que eu sou de Acari, não é gente? Perguntou ele, deixando claro aos trabalhadores que teriam participação naquela história.

- Sim, é claro. - Balbuciavam alguns. Mas a maioria permaneceu calada. Estavam todos ansiosos pela proposta.

- Pois bem, prosseguiu o eloquente orador. – Lá em Acari, eu estava andando na rua quando fui parado por um senhor de meia idade. - É assim que se fala, não é?

Perguntou ele, provocando o envolvimento dos ouvintes, que responderam afirmativamente.

Com ar de satisfação, pela participação dos trabalhadores, ele continuou:

- Então, o homem me parou e perguntou:

- O senhor não é o Seu Vicentinho, lá do sindicato de São Bernardo do Campo?

- Sou sim. Respondi. - Eu sou o Vicentinho do sindicato. O senhor me conhece?

- Conheço. Respondeu o homem – Eu fui metalúrgico - Continuou - Mas perdi meu emprego na época do Plano Cruzado e agora estou aqui passando muita dificuldade.

Neste ponto da história o eloquente orador já tinha o silêncio da totalidade dos trabalhadores. Era possível, aos mais atentos, ouvir a respiração dos colegas.

E a história continuou.

- Então gente, aí eu fui até a casa daquele antigo companheiro de categoria, porque ele queria a todo custo, que eu fosse visitar sua família. Lá chegando, fiquei sabendo que ele tinha um filho muito doente, já moribundo. No meio da conversa, aquele menino, ali deitado, muito magro, à beira da morte voltou-se para seu pai e perguntou:

- Pai, no céu tem comida?

Ficou alguns segundos calado e depois concluiu:

- Aquilo cortou meu coração.

Terminada a história, trabalhadores emocionados, alguns mais sensíveis deixando escapar algumas lágrimas, o presidente orador emendou:

- Companheiros e companheiras! Temos aqui a seguinte proposta...

Explicou detalhadamente a proposta de reajuste salarial, o desconto dos dias parados e da contribuição assistencial e colocou a proposta em votação dizendo:

- Aqueles trabalhadores e aquelas trabalhadoras que ouviram a proposta, que entenderam a proposta e que concordam com a proposta, por favor, levantem as duas mãos. Era tanta mão pra cima que ninguém ousou discordar.

- Continuem com as duas mãos levantadas. – Disse o presidente, esperem a Raquel fotografar. Vai sair na Tribuna.

Todos permaneceram com as mãos para cima por alguns segundos, até que ele sentenciou:

- A proposta foi aprovada por unanimidade! – Está encerrada a assembleia. Palmas para todos nós.

Em meio aos aplausos, cumprimentou os integrantes da comissão de fábrica, os outros diretores do sindicato e desceu do caminhão. Lá embaixo, foi abraçado por vários trabalhadores e trabalhadoras.

Depois daquele dia, sempre que algo precisava ser votado em assembleia, na porta da Atlas Copco, tinha sempre alguém para dizer:

- Aquilo cortou meu coração.

Beijo na Cátia

Essa é do Mário Adamo

Esta história é uma homenagem a um grande poeta trabalhador. Seu nome, Mário Eugênio Adamo, o velho boy. De cabelos grisalhos, sempre caindo nos olhos, sorriso aberto e muita simpatia. Muitas vezes emprestou-me os ouvidos para escutar meus lamentos e minhas alegrias. Saudades de meu amigo. Foi-se embora para Minas Gerais, vive na cidade de Lambari, desde que se aposentou, no final dos anos noventa.

Entre muitas atividades que participamos juntos, está um curso de leitura e escrita, que fizemos no Sindicato dos Metalúrgicos do ABC, em mil novecentos e noventa e dois. Ali exercitamos a interpretação e a elaboração de textos, escrevemos poemas, textos jornalísticos, propagandas, crônicas e contos. Ao final do curso, publicamos um pequeno livro de contos que nos deu muita satisfação. Quem conta um Conto foi, para muitos, a primeira publicação, para outros a única, mas para o grupo todo, uma grande realização.

Durante o curso, fomos orientados por uma professora chamada Silvana Todoroff que, só por ter este nome jamais seria esquecida e se o fosse, pela beleza e simpatia, que a tornavam muito graciosa, com certeza, seria lembrada.

As aulas aconteciam duas vezes por semana, sempre à noite, depois do horário de trabalho. Saíamos da fábrica e, em grupo, nos dirigíamos para o sindicato. Ao todo, nove trabalhadores da Atlas Copco iniciaram o curso, com os trabalhadores, de outras empresas, éramos vinte e dois.

Alguns desistiram, mas Mário e eu fizemos questão de levá-lo até o final.

Em cada aula, fazíamos um pequeno intervalo de cerca de dez minutos, tempo suficiente para um cafezinho e um cigarro, para os fumantes, ou um lanche rápido para os famintos. Para o Marião, era a hora de correr para sair do sindicato e ir até o bar da Rosa dar um beijo na Cátia.

A professora Silvana não gostava que saíssemos do sindicato durante o intervalo, pois sabia muito bem como era a relação de muitos operários com os botecos, mesmo assim, ele não resistia. Todas as noites em que estávamos em aula, ele saia rapidamente e, para não chamar a atenção da mestra, dizia em alto e bom tom. É hora de dar um beijo na Cátia. Ao voltar, trazia sempre uma bala de hortelã, que achava ser suficiente para disfarçar o cheiro de aguardente que o acompanhava.

Todos nós sabíamos que ele gostava de tomar uma cachacinha, nos preocupávamos com isto, pois às vezes, ele parecia gostar um pouco demais. Falava da cachaça como de uma amiga querida, chamava-a carinhosamente de Cátia. Aos poucos, alguns colegas de classe começaram a acompanhá-lo e todos diziam que iriam dar um beijo na Cátia.

A insistência do pessoal pelo beijo na Cátia deixou a professora curiosa. Certa noite, de tanto ouvi-los falar naquele beijo, ela, um tanto enciumada, perguntou aos não adeptos daquela prática:

- Gente! Quem é essa tal de Cátia que todo mundo quer beijar? - Ela trabalha aqui no sindicato?

A gargalhada foi geral e uníssona. Ninguém acreditou que ela não soubesse do que eles falavam quando saíam, mas ela insistiu que não conhecia nenhuma Cátia no sindicato. Tivemos que explicar-lhe, embora isto fosse uma denúncia contra o amigo poeta, mas o fizemos pedindo-lhe que fosse compreensiva com ele.

Aquela noite, ao voltar para a segunda parte da aula, eles não foram recebidos com a costumeira alegria da professora. Levaram uma grande bronca. Fingiram chatear-se, mas, na aula seguinte, mal chegou a hora do intervalo e gritaram em coro, como se tivessem ensaiado:

- Tá na hora de dar um beijo na Cátia.

Queijo Minas

Esta é do Mauri
(e de outros mineiros também)

Uma característica marcante do grupo de trabalhadores da Atlas Copco, em Diadema, era a consciência política. Por volta de mil novecentos e noventa e dois, noventa e cinco por cento dos funcionários daquela empresa eram sindicalizados, não apenas contribuíam com o sindicato da categoria, mas frequentavam reuniões, cursos e assembleias.

Em todas as atividades sindicais havia representação daquele grupo. Assim, era comum, ao sairmos do trabalho, ter sempre um grupo que ia para a sede do sindicato, em São Bernardo do Campo, ou para a sede regional, em Diadema.

Quando nos dirigíamos à sede, fazíamos uma parada obrigatória no Bar da Rosa, uma japonesa muito conhecida dos metalúrgicos, desde os tempos do Lula. Lá, fazíamos um lanche ou tomávamos umas cervejas. Muitas vezes, começávamos a reunião ali mesmo. Entre uma cerveja e outra, alguém puxava o assunto e pronto, tinha início o que deveria acontecer no sindicato.

Era comum também, aproveitarmos a hora da cerveja para falarmos de amenidades. Relembrávamos histórias engraçadas, geralmente vividas pelos outros, ríamos e descontraíamos, tomávamos cachaça também, pois como bem disse o Chico *"a gente vai tomando, pois também, sem a cachaça, ninguém segura este rojão"*.

Certo dia, o assunto da roda era a mania que os mineiros têm de comer queijo. Alguém no grupo reclamou que faltava petisco naquele balcão. O Osvaldo, marido da Rosa, foi providenciar e, entre outras coisas, trouxe um grande queijo minas, cortado em fatias.

Havia no grupo pelo menos três mineiros, Marião, Nelsão e Mauri, mas, como alguém já havia dito que mineiro tinha mania de queijo, eles pediram croquete de carne e um pedaço de linguiça frita, mas ninguém pediu queijo. Resistiram bravamente.

Algum tempo depois, chegou ao bar um outro grupo de trabalhadores, vindo de outra empresa da região. Entraram e cumprimentaram-nos, mas, como não os conhecíamos, fizeram outra roda, em uma mesa ao lado da nossa. Quando fizeram seu pedido ao Osvaldo, o Mauri observou que pediram alguns pedaços do queijo minas e avisou aos outros mineiros.

Mais tarde, chamaram novamente o Osvaldo, pediram mais cervejas e mais petiscos e, de novo pediram queijo minas. Os mineiros do nosso grupo ficaram visivelmente inquietos. Da inquietude passaram à preocupação. A todo momento alguém falava que o queijo estava diminuindo até que, na terceira rodada do grupo vizinho, o Mauri não resistiu e gritou para o balconista: - Osvaldo! Traga três pedaços pra gente, antes que este queijo acabe.

- Ah Há! Gritou o Taturana, que estava calado, espreitando a mineirada. Eu não disse que mineiro não pode ver queijo?

Ficou claro para todo o grupo que eles estavam com medo que o queijo acabasse, sem que pudessem experimentá-lo. Foi uma gargalhada só. Por vários dias os mineiros estiveram na berlinda na, Atlas Copco e no sindicato, mas, rapidamente caíram no esquecimento. Afinal, todo dia tem história nova na Rádio Peão.

O banho do Gordo

Essa é do Gordo – Ou seria do Grana?

Em plena atividade no Movimento Sindical, nos idos dos anos noventa, Nelsão e eu fomos participar do Quinto Congresso Estadual da CUT – Central Única dos Trabalhadores, representando os funcionários da Atlas Copco. Fomos em um grupo que tinha dezenas de metalúrgicos, todos membros de comissões de representantes ou dirigentes sindicais. Entre nós, foi um diretor do sindicato, que não recordo seu nome, pois o chamávamos apenas de Gordo.

O Gordo fazia jus ao apelido. Era um homem de aproximadamente um metro e oitenta e cinco de altura e pesava mais de cento e cinquenta quilos. Era, sem dúvida alguma, o mais gordo do grupo. Fanfarrão, gostava de uma boa piada e, como bom peão, não perdoava nenhum deslize, fosse de quem fosse. Fazia piada com todos e, além de zombar de suas vítimas, chamava a atenção de todos os presentes para que também o fizessem.

O congresso aconteceu na cidade de Ribeirão Preto. Lá chegando, nos instalamos em um hotel no centro da cidade e, logo em seguida, fomos chamados por um diretor para ouvirmos algumas explicações sobre como deveríamos proceder para bem participarmos do encontro.

Depois de ouvirmos atentamente as orientações dos líderes, demos uma volta pela cidade à procura de algum lugar para tomarmos uma cerveja no fim do dia. Nem todos os participantes do encontro foram passear. Alguns ficaram no hotel e descansaram um pouco. Nos encontraríamos mais tarde para o jantar.

Entre os mais cansados, ficou no hotel o dirigente gordo que, segundo alguns, era chegado numa boa sesta e assim, queria aproveitar aquele fim de tarde para experimentar a cama onde dormiria.

Dito e feito! O Gordo deitou e dormiu tranquilamente. Seus dois colegas de quarto, juntaram-se ao grupo dos turistas e foram conhecer a cidade. Passearam, tomaram cerveja, leram as teses a serem debatidas no congresso e fizeram o que os peões mais fazem quando se reúnem, falaram dos deslizes de muita gente que conheciam.

Caía a noite quando voltamos. Em pequenos grupos subimos para os respectivos quartos a fim de nos prepararmos para o jantar, que seria servido em seguida no restaurante do hotel. Por estarmos no mesmo andar, Nelsão e eu subimos acompanhados dos colegas de quarto do Gordo, entre estes, o Grana. Ao sairmos do elevador, nos deparamos com uma cena inusitada. Parecia ter chovido no corredor do hotel, tal o volume de água que encharcara o carpete.

Bastou um olhar um pouco mais atento para percebermos que a água vinha do quarto do Gordo. Curiosos, fomos até lá acompanhando os dois colegas. Assim que eles abriram a porta caímos todos numa grande gargalhada. No centro do quarto o Gordo tentava vestir-se às pressas enquanto procurava um lugar que ainda não estivesse encharcado.

- O que aconteceu aqui? Um dilúvio? – Perguntou um dos colegas de quarto ao gordo desesperado.

- Sei lá cara. Eu entrei na banheira e a água saiu. Respondeu ele com ar de assustado.

- Você encheu a banheira antes de entrar? Perguntou-lhe o Nelsão, que adorava estudar as condições dadas, como dizia.

- Sim, respondeu o Gordo.

- Isto é como um exercício de Física, retrucou o Nelsão. Você desprezou o volume do seu corpo, só podia dar nisso mesmo. - Agora é chamar alguém para limpar isto tudo. Disse ele enquanto saíamos dali rindo a valer.

Durante o jantar, o Gordo, que foi um dos últimos a descer, teve de ouvir muitas vezes alguém perguntar-lhe que história foi esta de desprezar o volume do corpo. Não que tenhamos feito fofoca, mas a rádio peão tem seus princípios e, seja quem for, deve respeitá-los, o que implica manter a todos bem informados.

A carteira do Cabra

Esta é do Barba
(e minha também)

No congresso da CUT, em Ribeirão Preto, uma das atividades noturnas era tomar chope e bater papo até altas horas no Pinguim, bar que tem o chope mais famoso do Brasil. A maioria dos participantes continuava ali as discussões inacabadas do dia, faziam articulações com vistas às votações que aconteceriam no dia seguinte ou simplesmente jogavam conversa fora.

Em nossa última noite na cidade, resolvi que não iria ao bar, pois não estava disposto a aguentar mais discussões. O dia fora pesado e eu só queria tomar um banho e descansar um pouco. Também pretendia continuar a leitura do "Colapso da Modernização", pois deveria apresentar um trabalho na faculdade, nos próximos dias.

Eu estava hospedado em um quarto confortável. Comigo estavam o Nelsão, também funcionário da Atlas Copco, e um senhor barbudo, cujo nome não registrei, lembro-me apenas que todos o chamavam de Barba e que trabalhava em uma autopeça de Diadema, como operador de empilhadeira.

Embora o Barba e meu amigo Nelsão tivessem pedido insistentemente para que eu os acompanhasse até o Pinguim, decidi que não iria e, devo ter feito uma boa argumentação, pois eles se foram sem reclamar, deixando-me sozinho no quarto do hotel.

Depois de um bom banho, desci para o restaurante e jantei com as poucas pessoas que, como eu, optaram por permanecer no hotel aquela noite. Voltando ao quarto, peguei meu livro e mergulhei nos problemas encontrados pelos russos após a derrocada do socialismo no Leste Europeu. Leitura pesada, mas necessária para alguém que almejava ser um cientista social.

Lá pelas tantas, com os olhos pesados e a mente lutando muito para manter a concentração, desisti da leitura e entreguei-me aos braços de Morfeu, como diriam os poetas. Dormi pesado, tanto, que nem vi quando meus colegas de quarto chegaram. Imagino que tenham voltado muito tarde, pois passei horas em minha leitura.

Na manhã seguinte, levantei bem-disposto. Fiz meu desjejum no restaurante, caminhei um pouco pelas ruas vizinhas ao hotel e voltei para o quarto a fim de arrumar as malas para a viagem de volta, que seria logo após o almoço. No quarto, Barba e Nelsão ainda roncavam. Tentei não fazer muito barulho, mas o fato de não encontrar minha carteira fez com que iniciasse uma busca em todas as gavetas e assim, acabei acordando o Barba que se prontificou a me ajudar.

Enquanto procurávamos, observei que, no criado ao lado da cama do Nelsão, havia uma carteira preta, como a minha e do mesmo tamanho, mas o Barba apressou-se em dizer que aquela era a carteira do "Cabra", apelido do dorminhoco. Insisti com ele que poderia ser a minha, mas ele manteve-se irredutível, repetia, a todo momento, que era do Nelsão e que tinha certeza do que dizia.

Aceitei seu argumento e continuamos nossa busca, até que ele, cansado da procura sentenciou:

- Alguém roubou sua carteira. - Sim, porque se aquela é do Cabra e esta é minha, disse tirando sua carteira do bolso de uma bermuda que se encontrava caída sob a cama, a sua sumiu.

Insisti com ele que deveríamos verificar se, de fato, aquela carteira sobre o criado era mesmo do Nelsão, mas ele foi categórico:

- Não precisa, é dele sim, eu o vi pagando a conta do Pingüim com esta carteira aí. – Disse apontando para a carteira sobre o criado.

Falou alto, o suficiente para acordar nosso amigo boêmio, que pediu silêncio, pois sua cabeça parecia que explodiria. Perguntei-lhe então se ele era dono da carteira em questão, ao que ele respondeu:

- Eu nem tenho carteira.

Ouvindo isto, o Barba confidenciou-lhe que o vira pagar a conta com dinheiro daquela carteira.

Após um diálogo como aquele, só me restou pegar a carteira e constatar que era mesmo a minha e que a mesma fora usada pelo Nelsão, sabe-se lá por qual razão.

Fiquei muito bravo com meu amigo, perguntei-lhe quanto havia gasto, mas nem ele, nem o Barba soube me dizer. Fiquei no prejuízo, é claro, mas acabei rindo da cara de moleque levado que os dois fizeram.

Depois, imaginaram um valor que poderiam ter gasto e devolveram-me. Nunca soubemos se o pagamento foi justo ou não, mas sempre que bebemos juntos, inevitavelmente recordamos a noite em que o Cabra se apossou de minha carteira.

S.O.S.

Essa é do Zezinho

Logo após a mudança da fábrica da Atlas Copco para o município de Barueri, na Grande São Paulo, nós da Comissão de Fábrica, passamos a frequentar o Sindicato dos Metalúrgicos de Osasco e enfrentamos a forte resistência da empresa, que tentava a todo custo manter os trabalhadores afastados daquela instituição, principalmente os mensalistas.

Corria o ano de mil novecentos e noventa e cinco e, naquele ano aconteceu um seminário internacional de trabalhadores metalúrgicos na Suécia. Por ser coordenador da comissão, fui indicado para representar os trabalhadores da Atlas no seminário, o que aceitei de pronto, pois seria uma oportunidade de denunciar na Europa a prática da empresa no Brasil.

Com algumas roupas de frio, um pouco mais de meia dúzia de palavras em inglês na cabeça e um pequeno dicionário no bolso, embarquei em um voo internacional que, além de ser a primeira vez que saí do país, foi meu primeiro voo. Fomos eu e mais dezenove sindicalistas tupiniquins. Muitos de nós não faziam ideia do que poderíamos encontrar em um mundo tão distante.

No grupo havia representantes de trabalhadores de várias empresas do Estado de São Paulo e de uma montadora recém instalada no Paraná, a montadora de caminhões Volvo. De São Paulo, foram dirigentes sindicais e membros de comissões de representação de funcionários da Atlas Copco, Scânia, ABB, Alfa Laval, SKF e outras.

Uma parte do seminário foi realizada na cidade de Gotemburgo e outra em Estocolmo, ambas, cidades muito bonitas, geladas e pouco hospitaleiras. Digo pouco hospitaleiras, porque as pessoas que conhecemos ali, embora muito educadas, estão longe dos brasileiros quando o assunto é acolher estrangeiros. Em geral são muito reservadas e só se dispõem a conversar com um desconhecido se tiver alguém para apresentá-los.

Fomos acomodados em um hotel bastante confortável, com alguns dispositivos e hábitos um pouco diferentes dos que estamos acostumados por aqui, as torneiras, por exemplo, todas automáticas, com sensores que as fazem funcionar apenas quando se coloca as mãos na posição ideal para serem lavadas, hoje já bastante conhecidas por aqui, mas, naquela época eram novidade, chuveiros igualmente automáticos, banheiros sem cesto de lixo etc.

Durante os dias em que ficamos naquele país, trabalhávamos todo o dia e à noite arriscávamos uma saída à procura de diversão e comida, porque ninguém é de ferro. Algumas vezes fomos acompanhados de um ou dois intérpretes, que nos mostraram bares, restaurantes e outras casas noturnas, porém, quando não havia intérprete disponível, arriscávamos sair sozinhos ou em pequenos grupos.

Numa destas noites em que não dispúnhamos de um intérprete, o Zezinho, que estava ali representando os trabalhadores da Alfa Laval, decidiu sair sozinho pelas ruas de Estocolmo. Terminou de jantar, pegou uma jaqueta e saiu dizendo-nos que iria dar uma volta. Depois de um bate papo no bar do hotel, nos recolhemos para nossos aposentos, pois estava ficando tarde e nem vimos quando ele voltou.

Na manhã seguinte, durante o desjejum, soubemos que nosso amigo se perdera no centro da cidade e só conseguiu voltar ao hotel porque foi encontrado pelo Grana, um dirigente dos metalúrgicos do ABC, que voltava acompanhado de um dos intérpretes.

Segundo o Grana, o Zezinho estava parado diante de um soldado sueco, tentando desesperadamente comunicar-se com ele. Contou-nos o Grana que Zezinho gesticulava muito e dizia repetidas vezes:

- S. O. S. – S. O. S.!

Quanto mais ele gritava, menos o policial entendia. Percebendo que nosso amigo estava desesperado, o intérprete sueco, a pedido do Grana, interveio em seu socorro e o reconduziu ao hotel.

Depois deste relato, por onde quer que o Zezinho passasse e tivesse alguém do grupo, ele era obrigado a ouvir:

- S. O. S...

Negocinho de cabelo

Essa é do Coalhada
(ou de alguém da Sachs)

O Coalhada, para quem não se lembra, ou para aqueles que nasceram depois dos anos oitenta, era um personagem criado pelo humorista Chico Anísio, para o Programa Chico City, grande sucesso da década de setenta. Com seus cabelos grandes e encaracolados e um farto bigode, o personagem se apresentava como um grande craque do futebol brasileiro, dizia ter jogado ao lado dos maiores ídolos da população, mas, na verdade, tratava-se de um grande perna de pau.

Não é deste Coalhada que trataremos aqui, mas de um ex-funcionário da empresa Sachs Automotive, de São Bernardo do Campo que, igualmente ao craque de Chico City, tinha cabelos encaracolados e, vez por outra, deixava crescer um bigode, não tão farto, mas que contribuía para aumentar a semelhança entre eles.

O Coalhada da Sachs era integrante da Comissão de Fábrica, assíduo frequentador do sindicato dos metalúrgicos do ABC e um importante militante do Movimento Sindical. Ao se aposentar, em meados dos anos noventa, foi trabalhar no Programa Integrar, uma iniciativa da Confederação Nacional do Metalúrgicos da CUT, a CNM/CUT, que realizava qualificação profissional para trabalhadores desempregados, em parceria com várias prefeituras.

Sendo indicado para atuar como Coordenador Local do núcleo do programa na cidade de Santo André, o Coalhada deixou de trabalhar na fábrica, mas, sempre que tinha oportunidade, voltava ao sindicato, para rever os amigos e colocar a conversa em dia.

Numa de suas visitas ao sindicato, ele foi convidado a acompanhar um grupo de trabalhadores da Sachs, em visita à fábrica de Araraquara, pois a categoria estava em negociação salarial e deveria acontecer lá uma grande assembleia, com a participação da Comissão de Fábrica de São Bernardo.

Aceito o convite, na manhã seguinte, rumaram para Araraquara. A assembleia seria realizada em frente à fábrica e a participação do pessoal de São Bernardo era esperada com bastante ansiedade, pois tratava-se de um grupo de trabalhadores com experiência em negociação e representava total apoio do sindicato do ABC aos trabalhadores do interior.

Antes da assembleia, ficou combinado com os organizadores que um representante da comissão do ABC faria uso da palavra. A ideia era que ele fizesse uma breve análise de conjuntura, falando das dificuldades que os trabalhadores enfrentavam tanto no ABC quanto no interior do estado.

O grupo indicou o coordenador da Comissão de Fábrica para representar o ABC, o rapaz subiu no caminhão e ficou aguardando ser chamado para falar. Depois de quase meia hora de assembleia, o representante do ABC foi chamado a fazer uso da palavra e pôs-se a relembrar uma série de problemas que afetaram os trabalhadores do Brasil.

A análise de conjuntura retomou aos tempos do Plano Cruzado, do Governo Sarney, lembrou o gatilho salarial, mecanismo de correção do salário, sempre que a inflação acumulada alcançava 20%, o Plano Collor e o bloqueio da poupança, citou o fora Collor e o Plano Real.

Quando falava, podia perceber que vários ouvintes balançavam a cabeça concordando com sua exposição e isto o estimulava a continuar. Aos poucos o orador foi se empolgando, até que brindou a todos com sua pérola:

- Companheiros e companheiras! – Começou ele. – Vocês sabem que a coisa está feia, não sabem?

Perguntou e aguardou que a plateia se manifestasse. Muitos ouvintes se manifestaram favoravelmente à sua opinião e isto o motivou mais ainda.

- Pois bem. – Disse ele. – não é só aqui em Araraquara que a coisa está feia não. Lá em São Bernardo do Campo também. E não é porque eu trabalho na Sachs que não passo dificuldade.

- Verdade – Gritou um dos ouvintes, empolgado.

- Então, continuou o orador. Lá em casa a coisa também está feia. Se não fosse minha mulher abrir um negocinho de cabelo lá nos fundos, a coisa ia ficar difícil.

Foi um choque generalizado! Vários ouvintes se calaram enquanto outros puseram-se a gargalhar. Aos poucos, voltaram a cochichar e a rir muito. Alertado pelo animador da assembleia, o representante do ABC deu por encerrada sua participação e foi para o fundo do caminhão.

Lá embaixo, as risadas continuaram por alguns minutos mais. O Coalhada conta que ficou completamente sem jeito, disfarçava olhando para o caminhão, sem saber como se comportar diante de tamanho deslize do companheiro.

Ouvi o Coalhada contar esta história várias vezes, mas nunca soube como terminou a assembleia de Araraquara. Ele sempre parava na parte em que ficou sem saber o que fazer diante da pérola do companheiro.

Carteira branca

Essa é do Chicão,
mas, há quem diga que não

A lei determina que todo trabalhador, ao entrar para o mercado de trabalho formal, na condição de empregado, tenha registrado em sua carteira de trabalho e previdência social, mais conhecida entre os trabalhadores como carteira profissional, sua contratação. Esta medida é importante para a garantia dos direitos trabalhistas, como aposentadoria, auxílio doença, licença maternidade, pensão por morte entre outros.

Além da garantia dos direitos, a carteira de trabalho, ou carteira profissional, é importante por trazer o histórico profissional do trabalhador. Nela, são registradas todas as contratações e demissões que o trabalhador tem ao longo de sua trajetória profissional. Ali, fica impressa toda sua experiência.

Hoje, o histórico profissional é apresentado às empresas pelo currículo, que encaminhamos via Internet, ou entregamos diretamente nos departamentos de Recursos Humanos, onde são realizados os processos de seleção, sempre que a empresa abre alguma vaga de emprego, mas, nos anos sessenta e setenta, a seleção começava pela análise da carteira profissional.

Muitas empresas, ao abrir processos de seleção, anunciavam as vagas em grandes placas, colocadas estrategicamente próximas à portaria em que atendiam os candidatos. Os trabalhadores, por sua vez, ao chegarem às empresas, iam logo procurando pela placa e, quando havia ali uma vaga para a função que exerciam, colocavam-se em fila à espera do início do atendimento.

O processo de seleção era sempre do mesmo tipo, fosse qual fosse a empresa. Passei por esta situação várias vezes em minha trajetória como metalúrgico, para ser mais preciso, foram treze vezes, assim, como treze foram as fábricas em que trabalhei como torneiro mecânico, mas esta história não é minha, como dito no título, é do meu amigo Chicão, se bem que já a vi contada no livro de outro amigo, o Alemão da Volkswagen, na verdade, não sei se algum deles a protagonizou, ou se apropriaram-se dela e a divulgam para fazer graça.

Conta o Chicão que, no início da década de mil novecentos e setenta, recém-chegado do Nordeste, vindo do Ceará em busca de trabalho, fora orientado por um primo, que estava aqui havia alguns meses, a ir até a portaria da fábrica da Mercedes Benz, em São Bernardo do Campo, levando a carteira profissional pois, como diziam os trabalhadores, lá estavam "pegando".

Como tantos outros, Chicão levantou cedo, de madrugada ainda, pegou a carteira de trabalho e os outros documentos pessoais e dirigiu-se para a portaria da fábrica. Lá chegando, surpreendeu-se com o tamanho da fila. Muitos trabalhadores haviam se antecipado e já estavam a postos quando ele chegou.

De imediato, pensou que devia ter vindo mais cedo, pensou que poderia perder a oportunidade de arrumar seu primeiro emprego, mas decidiu que ficaria ali para ver o que aconteceria. Esperou pelo menos duas horas até que aparecesse uma moça, que se identificou como funcionária do departamento de pessoal, responsável pela seleção.

Via de regra, os funcionários que realizavam este procedimento nas empresas, solicitavam aos trabalhadores que entregassem suas carteiras de trabalho, que eram levadas para uma pré-seleção, realizada pelos funcionários da seleção de pessoal que, só chamavam para o preenchimento da ficha, aqueles considerados pré-aprovados.

A moça da seleção da Mercedes anunciou que os trabalhadores seriam divididos em dois grupos, pois seriam dois processos de seleção diferentes: um para trabalhadores experientes, em diversas áreas, e outro para candidatos sem experiência no trabalho fabril, os chamados "carteira branca".

A expressão carteira branca era conhecida dos trabalhadores fabris, afinal, todos nós, um dia já havíamos sido carteira branca. Não era o caso do Chicão. No Nordeste nunca tinha ouvido ninguém falar tal coisa, sequer sabia da existência de uma carteira de trabalho e seu primo orientador, não se lembrara de informá-lo.

Quando a selecionadora anunciou a divisão, solicitou que se colocassem à esquerda do portão aqueles que tivessem experiência registrada na carteira e do lado direito, os carteiras brancas. A informação deixou o Chicão sem saber o que devia fazer. Sabia que não poderia ir para o lado esquerdo, pois nunca tinha trabalhado em nenhuma fábrica, mas também não sabia se poderia ficar do lado direito, pois não sabia o que era um carteira branca. Assim, chamou a moça da seleção e perguntou-lhe:

- Moça, por favor. – Como é que eu faço?

A moça respondeu-lhe com outra pergunta:

- Sua carteira é branca?

- Não! – Respondeu ele. Minha carteira é azul.

Pobre Chicão! Todos à sua volta caíram em sonora gargalhada afinal, todas as carteiras de trabalho eram azuis, mas apenas na capa. Só restou-lhe rir também, meio sem jeito, a princípio, mas depois, já recuperado e devidamente esclarecido pela selecionadora, soltar também sua gargalhada.

O que é que eu vim fazer aqui?

*Essa aconteceu com o Vicentinho,
mas é do ARAKEN*

O ano era mil novecentos e noventa e três, o país vivia o caos gerado no governo Collor e aprofundado pelo governo Itamar Franco, muitas empresas dispensando trabalhadores, outras colocando em Lay Off, (período em que o funcionário fica sem trabalhar, mas continua tendo vínculo empregatício, devendo realizar cursos de qualificação profissional ou outras atividades determinadas pela empresa), outras, como a Atlas Copco, tentando impedir o avanço da organização dos trabalhadores e, ao mesmo tempo, tentando tirar proveito da redução das alíquotas de importação, para reduzir a produção de componentes para suas máquinas na fábrica de Diadema.

Neste clima, tentávamos renovar o estatuto da comissão de fábrica, para que pudéssemos iniciar um novo mandato, e mantínhamos negociações para abertura de um processo de demissões voluntárias, mas a empresa resolveu endurecer o jogo e se retirou das negociações.

Certo dia, os diretores da empresa chamaram a comissão de fábrica para uma reunião, no final do expediente, na sexta-feira, dia dezessete de setembro, ao mesmo tempo em que os gerentes entregavam cartas de dispensa para noventa trabalhadores, que seriam demitidos arbitrariamente.

Seriam, porque o que se viu a partir da entrega das cartas, foi uma grande mobilização em prol do emprego, liderada pelo companheiro Almiro Nunes, o Araken.

Ao saberem, durante a reunião, que os trabalhadores estavam sendo dispensados pelos gerentes, os membros da comissão de fábrica retiraram-se da mesa de negociação e se dirigiram para o interior da fábrica onde encontraram muitos trabalhadores revoltados, exibindo a carta de dispensa.

Assim que teve ciência do conteúdo da tal carta, a comissão marcou uma assembleia para a manhã do sábado, às seis horas, pois os trabalhadores da produção, que trabalhavam em regime de revezamento, retornariam no sábado. Convocaram a assembleia e chamaram a direção do Sindicato dos Metalúrgicos do ABC para que comparecesse. Na hora marcada, todos estavam lá.

O presidente do sindicato, Vicentinho, chegou afirmando que faríamos ali um grande protesto contra as demissões, mas, durante a assembleia, chamado a fazer uso da palavra, antes dos diretores do sindicato, o Araken inflamou os trabalhadores com seu discurso e, empolgado, colocou em votação uma proposta de greve, com ocupação da fábrica, até que a empresa voltasse atrás e revisse as noventa demissões.

Os trabalhadores foram ao "delírio", como gostava de dizer o João Vicentini, aprovaram a greve proposta pelo líder e concordaram com a ocupação da fábrica. Decidiram que ninguém sairia dali até que se chegasse a um acordo.

Depois do Araken, falaram ainda dois diretores do sindicato, antes que a palavra fosse passada ao presidente, que é quem normalmente coloca as propostas em votação. O presidente falou, falou e, no final, apenas referendou a proposta já votada por iniciativa do Araken, mas ao descer do caminhão, um tanto sem jeito, reclamou ao coordenador da comissão de fábrica, o companheiro Vicentini. Disse ele:

- O que é que eu vim fazer aqui companheiro? – Se já sabiam que haveria greve, se aprovaram a greve sem falar comigo, não sei o que é que eu vim fazer aqui.

Disse isto e retirou-se muito aborrecido, mas, no dia seguinte, lá estava ele participando da primeira reunião de negociação, das quarenta e cinco que antecederam a celebração de um acordo que pôs fim à greve depois de trinta e sete dias de ocupação da fábrica.

A empresa voltou atrás e abriu um voluntariado para quem aceitasse as demissões, vinte e cinco trabalhadores, dos demitidos, voltaram ao trabalho depois de rasgarem a carta de dispensa.

Foi uma vitória da mobilização dos trabalhadores, foi também uma vitória do Araken, que hoje, infelizmente, já nos deixou, foi para o andar de cima muito cedo, aos cinquenta e nove anos, por isso, encerro aqui estas crônicas, deixando a ele minha homenagem, ainda que póstuma. A paz eterna, meu amigo, se é que isto seja possível.